Mai dire amore:

l'amore degli altri.

Antonio Canova, *Amore e Psiche*, Louvre, 1793, Parigi.

INDICE

Introduzione di Sabrina Andreatta.

L'amor che move il sole e l'altre stelle… (v.145 canto XXXIII del *Paradiso* di Dante Alighieri)

Il mondo delle emozioni porta a vivere in maniera differente le relazioni di coppia.

L'idea di questa pubblicazione parte da una rubrica che ha proposto di riflettere su alcuni temi legati all'amore. L'autore ha così riflettuto sull'organicità di un sentimento che appartiene al vissuto delle persone, e che, per molti rimane un mistero per tutta la vita.

Il valore di un sentimento si lega alla costruzione di momenti di felicità della coppia, che unisce due persone quando si innamorano.

E proprio dall'innamoramento parte un coinvolgimento emotivo che cambia la vita e il destino, perché nel momento in cui riconosciamo in una persona che ci ama un sentimento vero e autentico, possiamo dare un altro significato alla nostra vita.

Le sfumature dell'amore sono cosi personali che sfuggono spesso alle regole che ci costruiamo. Le storie di vita poi hanno la particolarità di proporre un esempi che possono cambiare le nostre convinzioni e metterci anche in una condizione di dubbio. Vivere una relazione dopo la fase di innamoramento richiede sensibilità e voglia di stare insieme. Le persone cambiano e la vita cambia con loro. E' questo forse l'aspetto più evidente della vita di coppia.

Esistono una serie di motivi per stare insieme, e altrettanti per lasciarsi. Come descrive l'autore, l'amore non è una scelta, non si può misurare né contenere, ed è proprio qui che risiede la sua magia.

A livello scientifico l'amore è causato da dinamiche ormonali e fisiche, mentre a livello psicologico la cultura e il periodo storico in cui nasciamo, oltre alla storia personale di ciascuno di noi, possono influenzare l'idea del nostro partner ideale. Spesso chiamiamo amore l'attrazione fisica e l'intesa sessuale, che se c'è e va bene ben venga, ma non per forza è amore.

Secondo Jung siamo interiormente divisi, ed è per questo che siamo alla continua ricerca di amore, dell'altra metà del cielo.

L'amore unisce due persone creando una relazione autentica e profonda. Attraverso l'amore possiamo conoscere noi stessi, l'altro e il mondo che ci circonda. L'amore ci conduce attraverso un turbinio di emozioni e di passioni.

Il vero amore accade nella quotidianità degli eventi, nei piccoli gesti e nelle accortezze di tutti i giorni; è quindi *"un'arte"* come afferma Erich Fromm e come riporta l'autore nella sua pubblicazione.

Il vero amore esiste e va costruito giorno per giorno; è presente nella quotidianità, nelle liti e nell'intesa sessuale, nel sacrificarsi per l'altro e nel mutuo aiuto.

Interessante risulta essere da parte dell'autore la discussione sulle seguenti tematiche: se si possa amare una persona senza avere con lei rapporti.

E tutto non dipende solo dalla nostra volontà. C'è un confine non scritto che riguarda la storia di ognuno di noi, ed è il risultato dell'educazione, delle esperienze fatto, e di come abbiamo reagito. Tutto questo alimenta l'inconscio e gli da vita.

1. Cosa significa amare?

L'amore è vita, infatti, da un atto d'amore nasce la vita. L'amore è un dono, l'amore è l'emozione che crea un sentimento ogni volta che lo si prova, l'amore è scoprirsi felici anche se la vita sembra riservarci sorprese poco incoraggianti. L'amore non ha nome, si vive appena lo si sente, senza cercare una spiegazione che abbia troppo senso. L'amore ti cambia la vita quando è autentico e condiviso. E' questo un *incipit* per descrivere un sentimento che non puo'essere paragonato ad altri se non in difetto. Amare pertanto è una condizione dell'anima, che tutti dovrebbero conoscere per diventare persone migliori. La realtà è che questo non succede, e questa mancanza provoca delle conseguenze nei rapporti umani, che vengono vissuti in maniera precaria e incompleta, proprio perché non c'è la consapevolezza di quanto importante sia essere testimoni del sentimento d'amore.

L'amore può essere vissuto in tanti modi, condiviso e non, mette in luce la nostra personalità e il nostro modo di vivere. Amare fino in fondo significa anche rinunciare all'amore, se questo ci provoca troppa sofferenza. Di questo ed altro scriverò in questo breve saggio, fatto di estratti di articoli di una rubrica.

2. Perché amare è importante?

Amare è importante, anzi importantissimo è saper amare, e sapersi far amare. Quando si capisce questo, le relazioni durano e probabilmente siamo pronti per essere felici. Capitolo primo. Chi non ama, non sarà mai felice. Spiace dirlo, anche se non ci si può rendere conto subito o comunque i tempi per mentalizzare questo concetto sono variabili, a seconda dello stile di vita e della propria personalità, chi non è capace di amare, difficilmente sarà ricambiato in modo autentico dell'amore che ogni essere vivente ha bisogno, se non sa donare agli altri quell'affettività che anche lui desidera.

La capacità di amare dipende da molti fattori. Concedere il nostro sentimento d'amore, "amare" una persona, è sinceramente qualcosa difficile da racchiudere in una definizione letterale, è forse patrimonio dell'anima stessa che è per sua stessa natura indefinibile e indecifrabile.

Può essere declinato nell'esperienza di molti, che danno a questa condizione, la spiegazione di un donarsi quasi incontenibile, nel segno della passionalità, verso un'altra persona, che tendenzialmente (si spera) provi lo stesso sentimento. Infatti nella biunivocità del sentimento sta la chiave per evitare le dinamiche della sofferenza amorosa. In questo moto dell'animo, si tende a considerare la persona che amiamo nella sua specifica unicità, e quindi spesso si tendono ad enfatizzare gli aspetti positivi rispetto a quelli negativi, i difetti, che la luce del cuore non vede.

E' compatibile con l'amore desiderare un cambiamento di chi si ama?

In teoria, amare ed essere amati migliora le persone, perché le riempie di significato agli occhi del cuore di qualcuno, migliora l'autostima. Questo moto affettivo non lascia indifferenti nemmeno i più austeri o implacabili; anche perché il flusso d'amore comunque venga percepito e assimilato dall'inconscio, e quindi il suo effetto benefico può essere esplicitato anche in tempi successivi.

Capitolo secondo. Amare significa scegliere liberamente. Proprio per questo assistiamo al formarsi di coppie con connotazioni totalmente impensabili dal nostro schema. Ognuno è libero di amare chi vuole, e allo stesso modo, è libero di decidere di accettare l'amore di chi ritiene possa dargli la felicità e la gioia che desidera.

Come si fa a capire se quello che si prova è veramente amore?

Difficile dare una risposta sicura: tutto è troppo legato al proprio mondo emozionale, che comunque non può essere limitato e limitante.

Certo è che, il pensiero diretto a qualcuno ripetuto nel corso della giornata, anche senza un motivo logico, magari accompagnato da un lieve sorriso, è un segnale di interesse, di attrazione. E'un messaggio, sta a noi coglierne il senso, per cui se si verifica una cosa del genere, qualche domanda potremo cominciare a farcela.

L'amore è benzina per le relazioni di tutti i tipi, non solo nella coppia, in famiglia, tra amici, sul lavoro, in vacanza, quando si condivide una passione. Perché nella ricerca dell'altro, il moto che ci spinge a passare più o meno tempo con le persone che ci stanno intorno, è la sensazione di sentirsi bene.

Da un punto di vista neuropsicologico la sensazione di benessere, si innesca con la produzione di ormoni specifici, che regolano il nostro umore. Se vediamo la cosa in maniera più diretta, quello che si prova in una vera comunicazione d'amore, è la connessione mentale, il sentirsi in consonanza con chi ci vuole bene.

Addirittura si può arrivare a sperimentare quasi delle forme di telepatia. Perché la vicinanza crea connessione, la connessione crea linguaggio della mente. La consonanza è legata al linguaggio del cuore, che pulsa e fa nascere un bisogno affettivo di stare vicini, e di condivisione dello spazio di vita, che è anche mentale.

Quando si sta bene con qualcuno non si pensa altro che a volere passare più tempo con lui/lei. Perché?

La prima risposta è la felicità che si prova in forma immediata, ma fermarsi a questo dato è poco: c'è un aspetto divinamente divino, di incontro. Nella vita gli incontri sono programmati dalle anime, che lanciano messaggi tra di loro per favorire un incontro di un essere simile dotato di quell'energia affettiva, di cui sentono bisogno in quel momento.

Infine l'informazione forse più gratificante: numerosi studi, tra cui anche da parte della prestigiosa Università di Harward, affermano che chi ama vive più a lungo. L'Amore può farci vivere meglio e farci stare in buona salute.
E'così provato che ogni forma d'espressione d'amore porta benefici al corpo e alla mente.
Non credo che ci vogliano gli scienziati di Harward a farci capire la potenza dell'Amore; possiamo arrivarci anche noi ascoltando le sensazioni del nostro corpo, quando...amiamo e riceviamo amore.

Perché ci sentiamo così bene quando siamo amati, quando qualcuno mostra le sue attenzioni sincere verso di noi?

Perché abbiamo bisogno di questo, non c'è niente da fare. Anche se non vogliamo ammetterlo. Piaccia o non piaccia, *Amor omnia vincit*.

3. L'amore di coppia.

Cosa sono l'amore e l'amore di coppia?

La domanda se la sono fatta un po' tutti quelli che hanno cercato di capire perché fosse successo loro di provare determinati sentimenti verso una persona, senza che li avessero pensati.

Cercare di capire un po' sull'amore, è importante per chi l'amore lo cerca, vuole viverlo pienamente, e farlo diventare parte integrante della propria vita.

Ci sono vari tipi di amore, che hanno in comune il fatto di volere il bene dell'altro. L'amore è donare se stessi per gli altri, che attraverso la forza di questo dono cambiano e diventano persone migliori. E farlo in maniera gratuita, senza altri secondi fini.

Quello che mi interessa adesso è riflettere sull'amore di coppia.

La voglia di coppia emerge in un momento della vita frutto di una scelta, la voglia di non rimanere soli con se stessi o soli con gli altri, ma di condividere un percorso con qualcuno di cui ci si è innamorati, e vivere quest'esperienza in maniera autentica e sincera. L'amore che si crea all'interno di una coppia di innamorati prima e amanti poi, è qualcosa di unico e, al di là delle possibili definizioni, si articola nelle forme che la coppia stessa decide, proprio perché è un mondo tutto loro, che li sostanzia di vita, e dà senso a tutto ciò che provano.

Il primo concetto che rappresenta l'unione di coppia è il principio della fusione tra due persone, che prende le forme nella creazione di un altro da sé, comprendente tutte e due le entità. Nella coppia, la primaria chiusura del proprio ego, si trasforma verso un dinamismo duale, in cui al centro c'è l'interesse condiviso dei due amanti, che si ritrovano nella dimensione dell'abbraccio d'amore e nella voglia di essere uniti durante tutta l'esperienza di vita, o quantomeno per tutto il tempo in cui l'afflato amoroso li coinvolge emotivamente e fisicamente.

Il sentimento d'amore maturo si fonda sul principio che, volere il bene dell'altro, significa non usare l'altro per creare il proprio stato di bene.

La condizione di essere coppia è una modalità che spinge le persone a stare insieme, sia per motivazioni biologiche, sia per occupare uno spazio di vita, altrimenti lasciato in libertà e vissuto in solitudine.

L'amore *tout court* però non è sufficiente per creare una coppia stabile e affiatata, in cui il Noi di coppia sia il principio a cui si ispira ogni decisione.

Tendenzialmente la storia di una coppia parte da un incontro, che fa scattare qualcosa, un interesse, ma anche no. Infatti, essendo l'innamoramento un fatto slegato da logiche codificate, può essere sia immediato come graduale.

Avvicinandosi emotivamente, provando emozioni, il percorso di vita tra due persone, le porta al riconoscimento di affinità che sono lo specchio per decidere di mettersi insieme. Questa fase dell'innamoramento non ha regole precise, come in genere l'amore, e può partire con un colpo di fulmine, o solo come un episodio da cui si articola una conoscenza.

Nel momento del riconoscimento del sentimento condiviso, troviamo la forza di capire che si sta iniziando un percorso di conoscenza che porterà, se l'interesse e l'amore sono autentici, al nascere della coppia vera e propria. Da qui parte il viaggio, perché nella prima fase dell'innamoramento emergono tutti gli aspetti positivi del carattere e della fisicità dei due, che possono essere oggetto di rifiuto, anche inconscio, dell'altro, oppure di conferma e quindi di scelta di unirsi in una coppia appunto.

La vita di coppia, che comunque è patrimonio della coppia stessa, si può realizzare in vari modi, e l'elemento determinante è il fatto di condividere la vita insieme.

La percezione di beatitudine amorosa, che scatta nell'innamoramento, può scontrarsi però con la realtà del vivere giorno per giorno il quotidiano essere insieme.

Se alla base c'è un sentimento profondo d'amore e un progetto di vita comune, è probabile che tutto quello che può succede, rientra nell'esperienza inevitabile e finisce per rafforzare il rapporto, visto che superare le difficoltà insieme aumenta la complicità e il legame.

Lo svegliarsi dal sogno dell'innamoramento può essere più o meno veloce, e passa per una fase di disillusione consapevole, in cui il profilo della coppia si articola verso la stabilizzazione di un rapporto duraturo, che nelle forme più evolute raggiunge dei livelli di compenetrazione dei due partner, che sembrano fondersi per vivere non solo l'uno per l'altro, ma per cambiare il mondo che li circonda.

Sì, perché l'evoluzione massima di un rapporto, al di là degli aspetti biologici e riproduttivi, è quella dar forma ad un'entità nuova che sviluppa le due identità singole. Dalla coppia non nasce solo la vita, e far nascere un figlio è la dimostrazione evidente e concreta di questo amore, ma fa nascere un corpo a due, che unisce e rafforza il proprio stare al mondo. La vita di una coppia felice, rende felici anche le persone che vivono attorno, perché dalla serenità affettiva scaturisce un'energia contagiosa per chi c'è intorno.

Così la disillusione è il momento della consapevolezza, l'innamoramento è cambiato e l'attrazione si sviluppa in altri modi, visto che la conoscenza dell'altro è massima; e anche la verifica se quello che si era pensato corrisponde esattamente all'evidenza.

Il desiderio sessuale appagato, e appagante è un capitolo molto importante. Quando infatti la coppia si ritrova energeticamente nell'unione sessuale, molte perplessità svaniscono, poiché, inutile negarlo, la potenza di un'intesa sessuale appagata e appagante, è forse la "medicina" per superare momenti di appiattimento e delusione. Nell'intimità sessuale della coppia, c'è il mettersi a nudo di fronte all'altro e si percepisce quel senso di accoglienza profonda del proprio essere che è alla base della vita. E' in fondo quello che si desidera dalla persona che ti

sta accanto, quando c'è amore.

4. L'importanza del bacio in una relazione.

Ultimamente colpisce un dato, che nei rapporti di coppia e in genere nelle relazioni amicali i contatti fisici sono in forte calo. Dare colpa all'invasione del virtuale nella vita reale è forse troppo scontato; altre motivazioni che spiegano questa tendenza possono partire dall'ansia di voler fare sempre tante cose e dalla fretta che questo comporta. E la prima forma di affettività condivisa in una relazione di solito è il bacio.

Il bacio è il primo momento di intimità fisica tra due persone che si amano. E'un gesto naturale, che si manifesta in tutta la sua spontaneità tra due persone innamorate. Per le donne il bacio rappresenta un momento di tenerezza e magia, un abbandono all'amore, che va oltre l'aspetto fisico del contatto di due labbra, mentre per l'uomo, è più un momento di conferma verso chi ti piace, e che ti fa capire che c'è un interesse reciproco. Quasi come placare un'ansia di conquista che l'attrazione ti provoca dentro. Perché nel bacio, anche se non si è consapevoli, si manifesta all'altro il sentimento che si sta provando. E se questa tensione intima del partner non viene colta subito, rischia di rovinare un percorso d'amore che la coppia sta iniziando. Non conoscerne bene le potenzialità che il baciare ha come atto d'amore e di passione, è una mancanza evidente, e fa perdere la possibilità alle persone di riuscire a vivere emozioni che non hanno prezzo, non si comprano e non si vendono, non sono disponibili in saldo, ma sono gratuite a chi sa coglierne la bellezza e la gioia che portano. Ricordate le sensazioni di baciare per la prima volta una persona? C'è sempre un prima, e un dopo. L'attesa e la sensazione del dopo, visto che non c'è sicurezza nella risposta al nostro invito al bacio. Tutto quello che succede può confermare o meno le aspettative che nutrivano il nostro mondo interiore.

C'è un aspetto erotico del bacio, che si esprime nella volontà di fusione, soprattutto per il *french kiss*, in cui l'intimità va oltre lo sfioramento delle labbra. C'è un richiamo al voler prendersi, possedersi, darsi secondo un rituale d'amore che allude all'entrare uno nell'altro per volersi appartenere.

Nel bacio c'è l'amore che si prova e non si può negare, un'affettività vera che non può prescindere dal guardarsi negli occhi. Con i baci è difficile mentire, la vicinanza degli sguardi è tale che si avverte quando c'è qualcosa di non autentico.

In particolare, la sensibilità femminile, molto più spiccata, è in grado di cogliere bene il livello di coinvolgimento del partner nella relazione. Per la donna è quasi un test, che molti uomini sottovalutano, focalizzando il pensiero molto più sul rapporto sessuale, e dimenticando che la fusione nella coppia ha inizio baciandosi bene, come anteprima del piacere sessuale.

Esiste perfino una scienza del bacio, la "filematologia", che si occupa di analizzare ogni aspetto di questa modalità di espressione dell'amore. Nel tentativo di spiegare l'intero rituale del bacio, a partire dai pensieri originari per proseguire negli aspetti tecnici delle diverse tipologie, l'obiettivo che si pone è quello di vedere come nel bacio si rifletta il clima d'amore e passione che sta vivendo la coppia. La forma del bacio, costituisce un linguaggio vero e proprio che ha una sua etimologia e una sintassi.

Una coppia trova la complicità nell'esprimere l'amore reciproco in forme che possono essere scelte dalla coppia stessa. Una mancanza di questo dialogo, è un segnale, che blocca la crescita dell'unione del "Noi" nella coppia.

Gli uomini spesso sono frenati da un senso egoistico e tendono a rimandare l'abbandono del proprio ego verso l'amore di coppia. E questo la donna lo percepisce immediatamente, quando nello scambio delle labbra, non sente quel trasporto e quel desiderio che si aspetta dalla persona che ha difronte e in cui ha investito il suo trasporto emotivo e il suo cuore. La passione non può scattare senza un forte legame duale che parte da una buona sinfonia del bacio. Sognarsi, cercarsi, prendersi, sentirsi, annusarsi in tutti i sensi, il bacio va vissuto e moltiplicato, a testimonianza delle sensazioni che si stanno vivendo e che trovano vita solo se comunicate.

Il bacio seleziona gli amanti, perché colpisce la nostra forma percettiva attraverso i sensi. Se prima può esservi un'attrazione mentale e distaccata, con il bacio si completa e si definisce la fisicità del rapporto. E' un passaggio, che apre o chiude un'ipotesi di relazione, proprio per questo deve essere considerato per quello che rappresenta, qualcosa di veramente intenso.

C'è un aspetto perfino di compatibilità biologica, che emerge dallo scambio di sguardi, odori e sensazioni che la vicinanza implica, e da cui non si prescinde, in quanto legato a meccanismi di sensazioni "a pelle", senza un senso logico. Molto legate alla condizione "animale" che viviamo, e alla necessità riproduttiva, secondo gli standard di una massimizzazione genetica a vantaggio del miglioramento della specie.

Baciare male, o meglio non abbandonarsi all'altro nel momento in cui ti cerca, può diventare davvero un problema, specialmente per chi sente il bisogno di un pieno coinvolgimento fin da subito. Non lasciando spazio al tempo di maturazione, l'attrazione ha le sue regole, che vivono di immediatezza. Proprio nel bacio la coppia ha la possibilità di trovare quelle risorse che gli permettono di continuare bene il viaggio.

Quando tra gli amanti il desiderio viene lentamente meno, la manifestazione di questo fatto è proprio nel bacio, che ritualmente fa parte del quotidiano incontro al mattino e ogni volta che non si è più insieme durante la giornata.

Il romanticismo del bacio si completa con l'aspetto psicologico che è insito in qualsiasi tipologia di manifestazione d'amore. La sensazione delle labbra che si toccano, è anche un vivere un ritorno alla nostra infanzia, alla ricerca del rapporto con la madre, e il seno materno.

C'è chi dice che un bacio dato bene è meglio di un amplesso andato male…

Assolutamente si, visto che quando si accende il desiderio con il bacio, poi i limiti sono davvero pochi per la coppia, che si infiamma di passione; la tempesta ormonale che si innesca è potente e coinvolge a tutti i livelli. Difficile fermare una coppia innamorata che trova l'intesa una volta accesa la miccia del piacere con dei baci appassionati.

Nel secondo caso invece, tutto si raffredda, ed è un segnale diretto di delusione, da cui la psiche amorosa stenta a prescindere. Nell'insoddisfazione di un rapporto sessuale si vive allo stesso tempo l'insoddisfazione verso il partner.

Concludendo questo breve "viaggio" sull'importanza manifesta del bacio nella relazione, la funzione di baciare è quella di essere un termometro della relazione; è fondamentale per identificare la compatibilità del partner adatto al nostro tipo di personalità e tratto caratteriale, e dei buoni baci sono indispensabili per avviare il rituale amoroso e far scattare l'eccitazione. Baciarsi rende felici, i meccanismi ormonali che coinvolge sono tali che stiamo bene quando baciamo. Il bacio è il metodo migliore per far pace e risolvere un'incompresione, avvicinando mente e cuore e solleticando il desiderio. Allora, mi chiedo, perché non cominciamo a baciarci tanto e bene? E se non si riesce a farlo immediatamente, impegnamoci a capire che il bacio non è solo l'incontro di due labbra, ma la condivisione di un mondo d'amore che porta alla felicità. E' un peccato rinunciare a tutto questo.

5. La sessualità e l'intimità di coppia.

Il sesso è la forma più immediata di intimità e passione per la coppia che decide di essere tale in tutta la sua pienezza. L'intimità che il vivere insieme porta, non può essere vissuta senza una vita sessuale piena, e soprattutto desiderata e condivisa.

La forza che spinge due persone innamorate ad unirsi è un desiderio che si realizza in pienezza nella componente fisica dell'intimità sessuale. Per questo la mancanza di sesso all'interno della relazione di coppia, può diventare un problema serio, con ripercussioni evidenti sul tipo di relazione che si sta vivendo. Infatti, la conseguenza di una rottura tra i partner dipende molto spesso dalla mancanza di una condivisione emotiva a partire da un'unione sessuale appagante.

Nella relazione di coppia il sesso è una forma di comunicazione, e rappresenta un termometro reale per valutare la salute della coppia e il benessere affettivo dei due partners. Condividere momenti insieme, porta ad un comune scambio di sensazioni fisiche e di emozioni, che danno alla coppia quella consapevolezza di essere una risorsa irrinunciabile per entrambi. E soprattutto che la coppia esiste veramente, perché nell'unione sessuale, questo viene percepito in forma diretta.

Le ricerche rivelano che i rapporti sessuali diminuiscono con l'età e con la durata della relazione. Ogni coppia comunque ha i suoi tempi e le sue forme di affettività. Ed è giusto che sia così, perché i veri protagonisti dell'amore sono proprio i due innamorati, che hanno la capacità, se veramente in sintonia, di conoscere le esigenze dell'altro, e di modulare la sessualità in base a ritmi e consuetudini che appaghino il fuoco d'amore di entrambi. Mantenere alto l'impulso sessuale nel corso del tempo, è un obiettivo che tutte le coppie dovrebbero avere per garantirsi uno spazio di coinvolgimento completamente vissuto.

Nella sessualità, c'è un aspetto importante che va oltre il semplice legame meccanico del rapporto sessuale. Se nella sessualità si esprime il proprio mondo di sentimento e di emozione per chi sta con te, c'è allo stesso tempo, grande la volontà di condividere un trasporto mentale, quasi come elemento significante per quello che si sta provando. Sentire che chi è con te nell'intimità, prova un forte coinvolgimento emotivo e un grande desiderio mentale di unione, rappresenta un fattore di conferma che l'amore che proviamo non è fine a sé stesso, ma fiorisce verso la costruzione di un mondo di coppia in cui entrambi riescono a trovare la propria giusta dimensione.

La partecipazione mentale quindi dà grande significato al rapporto sessuale. Infatti, la presenza di corpo e mente nella relazione, portano la coppia a migliorare la loro intimità, e quindi la complicità che diventa qualcosa di immediato e automatico. Questo dovrebbe essere uno dei risultati e degli indicatori che ci fanno capire quanto nella coppia si sia trovato il giusto grado di unione. Infatti, lo sviluppo del rapporto di coppia fa crescere anche la propria autostima e capacità di capire il senso della vita. Nella simbiosi che l'intimità realizza, la coppia è pienamente strutturata e permette ai partner di di sviluppare il proprio progetto di vita nell'amore.

Come è possibile comunicare i sentimenti che si provano in un rapporto di coppia?

L'atteggiamento più costruttivo è quello di cercare di prendersi cura di ogni aspetto della relazione, cercando di qualificare il dialogo e chiarire gli aspetti problematici immediatamente, a partire dalle esigenze di vita sessuale.

Non è la soluzione migliore far a finta che certe esigenze non si manifestino. Il bisogno di essere parte di una coppia lo si vive tutti i giorni se si coltiva un'affettività fatta di coccole, carezze, ascolto, presenza, aiuto, dono di sé. E il massimo dono è avere attenzione per la vita intima, in particolare la vita sessuale.

I veri sentimenti vengono percepiti non solo quando sono annunciati a parole, ma soprattutto quando sono vissuti nell'attenzione reciproca all'interno della vita intima della coppia.

Non c'è possibilità di sbagliare, chi rimane autentico e trasmette il suo amore nei gesti, cura la soddisfazione del partner, riuscirà a stabilire un collante emotivo molto forte. E nella sessualità questo viaggio a due, permette alla passione di esplorare nuovi traguardi. Se questa curiosità e questo desiderio resteranno sempre vivi, il risultato sarà che la coppia vivrà di vita propria.

Ci sono dei fattori oggettivi che possono limitare questo idillio di passione, a partire dal livello di eccitazione che l'innamoramento comporta. Quando si è innamorati e immersi nei propri pensieri, presi dalla forza dell'amore, non si vorrebbe mai staccarsi dalla persona che si ama. L'età, la salute, il tempo, sono alcuni parametri che fanno scendere il livello di partecipazione.

Il coinvolgimento d'amore per essere pieno deve perciò essere vissuto, e rinunciare a capire che c'è bisogno di trovare il tempo per coltivare lo spazio di intimità sessuale, soprattutto per la donna, è un segnale che la relazione sta prendendo una svolta. Forse la troppa consuetudine finisce per stancare.

E'proprio in questa fase che c'è bisogno di intervenire per evitare che il desiderio si plachi. Ci vuole fantasia, ma anche tanta capacità di amare.

6. L'uomo può fingere l'orgasmo?

La sessualità è un tema particolarmente delicato da trattare, in quanto coinvolge l'intimità delle persone che tendono a proteggere il mondo delle loro emozioni e a condividerlo solo con la persona che amano. La coppia trova forza quando l'intimità viene cercata e praticata con la partecipazione fisica ed emotiva di tutti e due i partners. Vivere la sessualità di coppia è un percorso a due, e si sostanzia di alcuni momenti che sono fondamentali perché il viaggio emozionale porti una felicità dilagante, e sia la testimonianza di come la vita abbia dei picchi di paradisiaca estasi.

All'interno della dinamica del rapporto, è molto frequentato il concetto di orgasmo, come esplosione di piacere provato quando c'è condivisione di un sentimento d'amore e di una passionalità biologicamente esercitata, che ha permesso ai due partners di scegliersi come parti del progetto di coppia. Quando la natura dà il segnale che l'unione ha raggiunto il suo culmine, c'è l'esplosione del piacere a livello fisico che coinvolge la donna e l'uomo in forme diverse.

Certamente quando si percepisce che il partner sta provando questa sensazione di benessere, si riflette un senso di appagamento, visto che l'amore vissuto porta a cercare nella gioia manifesta dell'altro, un senso di validazione chimica ed emozionale che siamo sulla giusta strada per la vita di coppia. E per la donna, questo segnale è qualcosa di molto sentito, cercato, voluto. La donna vuole una relazione felice, e, proprio per la sua innata forte sensualità emotiva, è capace di rendersi conto del riflesso nell'altro del proprio amore, manifestato nel coinvolgimento passionale. Vedere e sentire che questo viene accolto dal partner, porta ad livello più elevato il benessere di coppia e rende la donna maggiormente sicura nel e del rapporto.

Quando un uomo prova un orgasmo potente, sicuramente la compagna, che è fonte di questa emozione, anche se è patrimonio della coppia, rasserena le sue ansie e si sente parte di questo piacere maschile.

Il suo uomo diventa qualcosa di vivo, non solo mentalmente, ma anche fisicamente. Con l'orgasmo provato e manifestato, la coppia ha il suo equilibrio fisico e mentale.

Il discorso vale a livello generale, tendenzialmente le cose procedono in questo modo. Ma come tutti sappiamo dalle esperienze di ognuno, e, proprio per il fatto che l'amore non segue regole precise, anche una convinzione che sembra più sicura, non è sicura affatto. Perché l'amore e la passione hanno una dimensione all'interno della coppia, per cui trovano ragione nel grado di emozionalità dei due partners. E qui si apre il capitolo delle frontiere che la sessualità può avere oltre il bisogno canonico di intimità, prodromico alla riproduzione e all'espressione del proprio sentimento verso la persona che si è scelto di amare.

L'aspetto interessante che le donne si domandano spesso, è se l'uomo può fingere quando sta in intimità con la sua donna. Per il discorso contrario, la risposta è evidente, e non occorre neppure trovare qualche argomentazione a sostegno di una tesi contraria. La natura ha dato alla donna una percezione del fatto amoroso molto superiore rispetto all'uomo, proprio perché la donna è madre fin dalla nascita. E la sua natura di dare la vita, la porta ha scegliere il partner, e a vivere la vita sessuale di coppia oltre il sentimento, proprio perché si fa garante di una funzione biologica innata.

L'uomo può dunque fingere in amore?

A livello mentale, la risposta è si. Bisogna distinguere, la situazione di forte innamoramento, che, tendenzialmente quando c'è, e si spera ci sia sempre, limita anche il solo pensare ad una qualche forma di finzione. Proprio per il carattere stesso del vero amore, che comporta autenticità nell'esprimere i propri sentimenti è praticamente impossibile, o forse diciamo meglio molto e molto difficile, fingere ad una donna, anche per il più esperto narcisista, che può riuscirci forse all'inizio, quando la donna innamorata tende a non vedere tutto quello che sta succedendo, o forse meglio dire, a darsi una spiegazione cognitiva, che giustifichi il sentimento che sta provando. Anche perché il solo pensare ad una delusione, tende a mandare in *tilt* il mondo dei pensieri femminili.

Le delusioni, soprattutto quelle improvvise, hanno effetti devastanti sull'autostima della donna, che tende a colpevolizzare se stessa per non avere capito prima, la tossicità emozionale del rapporto.

La finzione che l'uomo può mettere in campo nell'intimità con la sua donna, si esplicita tendenzialmente nel voler interrompere l'unione con il coito interrotto. Piaccia o non piaccia, questa è l'unica arma che l'uomo ha per avere un potere durante l'intimità.

Perché lo fa? C'è un motivo di base, che è legato alla gravidanza, se l'uomo non vuole rischiare e non gradisce altri metodi contraccettivi, perché disturbano l'intimità che chiede di essere vissuta totalmente. Cosi tende ad interrompere il rapporto, proprio quando è massima l'espressione della passione e il bisogno della donna di sentirsi unita nella coppia.

Nelle coppie veramente innamorate non è semplice vivere l'intimità in questo modo limitante e limitato. Anzi, penso proprio che non sia accettato, perché è un chiaro segnale di paura della totalità dell'amore, che la donna percepisce e vive "non proprio con gioia".

Sentirsi abbandonata nell'intimità, quando il coinvolgimento è massimo, dall'uomo di cui si pensa di essere innamorati, è un segnale chiaro che questo amore, ha qualche problema. L'abbandono nell'altro è la dimostrazione massima della passione. E il rifiutare di viverla fino in fondo, e condividerla, rappresenta un problema per la coppia. Quasi a dire, ti amo, ma ho paura di amarti fino in fondo, La donna non può accettare un sentimento a comando.

Il sentimento quando c'è va esplicitato totalmente anche nella sessualità.

Mi rendo conto che non è facile condividere una simile lettura dell'intimità. In fondo non tutti abbiamo l'educazione, e la sensibilità adeguata per vivere il rapporto secondo i nostri sogni.

Però non si può negare che l'amore chiede questo, e il negarlo o limitarlo, è un segnale di un amore che può ancora crescere.
L'equilibrio della finzione equiparata ad una emozionalità espressa dalla donna non può essere tale anche per l'uomo. L'uomo può limitare il suo coinvolgimento, "trattenendo", ma facendo questo, si ritrae e da un segnale di rifiuto evidente.

Solo i professionisti del sesso possono fingere anche facendo l'amore. Perché hanno l'esperienza e la capacità, di vivere l'intimità come un fatto meccanico e senza esprimere un coinvolgimento.

Un po' deludente come atto d'amore, ma quello non è amore, forse nemmeno sesso, è ...un lavoro.

7. Quanto conta l'inconscio nelle scelte d'amore?

Nella vita può accadere di incontrare una persona e di sentire fin da subito, una sensazione positiva o negativa, senza una particolare motivazione logica. Immediatamente "a pelle", si percepisce un'attrazione o una semplice simpatia spontanea. Quest'esperienza che probabilmente è capitata a tutti, non è frutto del caso, ma va direttamente a trovare origine nei meccanismi del nostro inconscio emotivo. Il linguaggio dell'inconscio è molto legato alle scelte dell'amore.

La scelta del partner avviene secondo motivazioni diverse e non sempre coscienti per chi ne è protagonista. Infatti, le relazioni sentimentali sono l'espressione di una combinazione complessa di esperienze evolutive e secondo le tipologie delle varie personalità. Poiché in questa scelta d'amore, la parte non razionale ha un ruolo molto importante, può manifestarsi il rischio di diventare quasi il risultato di un programma che agisce sul nostro modo di fare, e che ha nelle esperienze passate le istruzioni che poi ci guidano nel nostro modo di avvicinarci agli altri.

L'alibi che soffrire per amore è inevitabile a prescindere, non è confortante. In amore soffrire non deve essere visto come un merito. E aggrapparci alla credenza che tanto più si soffre, tanto più c'è un sentimento condiviso e vissuto da entrambe le parti non è l'atteggiamento giusto.

Una forte emozione, sia eccitante che dolorosa, che riusciamo a provare in momenti magari non programmati, se non viene espressamente vissuta e gli si dà modo di seguire un suo corso, rimane incompleta, e pronta a riaffiorare per trovare spazio all'interno del nostro paradigma emotivo.

Il rischio che corrono molte persone che dicono di volere l'amore è quello in realtà di averne paura, e così non vivono a fondo le emozioni che provano, perché forse impreparati, stupiti, hanno paura di ritrovarsi feriti, immersi in momenti di delusione non voluta. Per questo evitano inconsapevolmente di vivere le emozioni che l'amore produce, fin dalla prima fase dell'innamoramento, sviluppando dei meccanismi di difesa anche verso una condizione che potrebbe essere fonte di gioia e piacere, se condotta nei termini di una riconoscibilità affettiva ben determinata.

La scelta di rinunciare per non soffrire ha la conseguenza che può diventare un modo di essere acquisito, per cui non si tratta solo di rinunciare all'amore, ma rischia di diventare addirittura una rinuncia generalizzata verso l'altro, come il benessere fisico, la ricchezza, lo sviluppo di una personalità creativa e dinamica che ha sete di nuove esperienze.

L'inconscio fa parte di noi, e non dobbiamo evitare il confronto. E'un carattere che la natura ha concesso all'uomo. Infatti, la maggior parte di meccanismi della vita si regola con dinamiche che funzionano al di là della nostra presa d'atto. Il battito del cuore, il funzionamento degli organi, la digestione, il cervello, sono esempi di funzioni inconsce applicate alla biologia umana.

Un primo esempio di stimolo dell'inconscio sulle nostre scelte del partner è quello di individuare nella persona che ci attrae uno specchio del nostro essere.

Nell'attrazione che proviamo verso qualcuno, che può portare ad un innamoramento istantaneo come il colpo di fulmine, o graduale attraverso il riconoscersi nell'altro, c'è un fenomeno di regressione che porta la persona innamorata a riaffiorare dentro di sé in forma più o meno consapevole, situazioni emozionali dell'infanzia, e a proiettare questo vissuto sulla persona che ci ha colpito, investita così di un universo di pensieri e qualità immaginate, tanto da costruirne un modello d'amore ad uso del nostro sentimento che l'inconscio tende a farci rappresentare.

Il partner di cui ci innamoriamo viene scelto perché tendiamo a far riemergere e prevalere i nostri bisogni inappagati, direttamente riconducibili alle figure dell'ambito familiare e alle dinamiche che si sono instaurate, mancanze o forte protezione, difficoltà a staccarsi da schemi appresi nella crescita. Madre e padre, sono riferimenti imprescindibili del nostro inconscio, che racchiude in sé i riflessi degli schemi educativi della crescita.

L'attrazione dell'innamoramento può essere così un modo di colmare ferite emotive non risolte e rimaste a sedimentare senza che ce ne rendiamo conto.

Ecco dunque la tendenza inconsapevole a scegliere un partner simile al padre, o totalmente differente, o con caratteristiche che ricordino la madre. La spiegazione di questo sta nel nostro patrimonio emotivo, che si è strutturato a partire da queste figure parentali.

Le esperienze di amore vissute da adulti e che possono finire per deludere, sono lo specchio delle esperienze di un periodo passato, in cui da piccoli sono seguiti episodi in cui si è stati trascurati e poco compresi nei propri bisogni dai genitori. Questo può aver fatto nascere la falsa credenza per cui ci si sente immeritevoli d'amore, e di conseguenza condizionati a meritare la sofferenza come situazione inevitabile da accettare.

Nell'amore adulto quando si crea un legame solido, c'è un reale scambio con una partecipazione fisica emotiva e mentale, ben strutturata. Abitare una coppia che abbia caratteristiche di empatia, complicità e soprattutto una "dimensione adulta" è comunque veramente complesso.

In questo tipo di relazione matura, amore e sesso si compenetrano e fanno parte di un unico modo di amare, che permette di vivere un'intimità condivisa su tutti i livelli, per quanto riguarda il cuore, il corpo e la mente.

Come ci può muovere per trovare una modalità adatta al nostro modo di essere? Forse quella di imparare ad ascoltare le nostre sensazioni profonde, e far in modo che questa abitudine diventi un modo per capire quando diventiamo vittime di meccanismi che non riusciamo a gestire.

Diventare amici del proprio inconscio, permette di arrivare ad una conoscenza di sé ale da permettere una crescita e arrivare ad essere più sicuri di noi stessi. Questo porta a migliorare la nostra immagine, e regalarci quel pizzico di fascino personale e di originalità, che può farci essere più attraenti per gli altri.

Imparando a gestire le tensioni interne, si può evitare di lasciare spazio ad un'emotività senza controllo, fonte spesso di preoccupazioni se indirizzata verso persone che non sono all'altezza di comprendere la nostra sensibilità.

8. Perché si smette di amare?

Al principio tutti i pensieri appartengono all'amore.
Dopo, tutto l'amore appartiene ai pensieri.
(Albert Einstein)

Smettere di amare non è una decisione che si prende in un istante. E ci appartiene nella misura in cui restiamo fermi verso qualcosa che tendiamo a valutare come non più in linea con la nostra vita; si smette di amare perché ammettiamo a noi stessi che non ne vale più la pena.

L'innamoramento, che sia conseguenza di un colpo di fulmine, o sia il risultato più lento di una conoscenza sbocciata nel riconoscimento di particolari affinità che ci uniscono nel nostro lato emotivo e mentale scatenando un'attrazione fisica diretta, è comunque un evento che non rimane racchiuso in percorso definito.

Che lo pensiamo o meno, ogni relazione ha un suo svolgimento, una sua evoluzione che non si può prevedere dall'inizio. La prospettiva di coltivare un amore eterno, che ci gratifichi per sempre, portando la nostra vita in una dimensione di felicità condivisa dall'unione di coppia, è un sogno che coltiva la maggior parte di noi, a cui in molti sono affezionati. Sicuramente si può pensare che questo possa avvenire, ma l'evidenza delle situazioni di vita, ci dà un quadro delle relazioni che, ahimè, non segue questo traguardo sublime.

Allora come si può capire quando l'amore svanisce? Siamo in grado di riconoscere i segnali che qualcosa non è più come prima? E come fare per rendersene conto e affrontarli?

Quando un amore sta per finire, sopraggiunge il momento della sofferenza, qualcosa è cambiato, ci si rende conto che non c'è più quel trasporto verso quella persona a cui avevamo dato il nostro cuore. Ma il tempo dell'amore è un tempo che cambia forma, per cui l'amore non ha la stessa dimensione nelle diverse fasi di una relazione di coppia.

Innamorarsi di qualcuno è una "miccia" imprevista che accende in noi un universo di emozioni e di passione, che vogliono uscire ad ogni costo e manifestarsi nella loro grandezza e autenticità.

La prima fase dell'innamoramento corrisposto, definito da Francesco Alberoni, "uno stato nascente di un movimento collettivo a due", è qualcosa di assolutamente vitale e potente.

Lo stato di innamoramento cambia la percezione delle cose che stiamo vivendo, perché invade una tale quantità di emozioni positive, che tendiamo a filtrare la realtà secondo il film dell'amore che stiamo vivendo. I cinque sensi amplificano il loro potenziale.

Ma cosa succede quando questo film cambia la sceneggiatura, e la relazione si pone in una fase diversa? Proprio così, la relazione è il punto da cui partire.

L'amore può spegnersi per ragioni oggettive, causate dalle difficoltà di una convivenza abitudinaria, dall'emergere di delusioni non preventivate, dal disinteresse per la coppia come elemento portante della relazione, dall'alimentare troppo il proprio ego. Ma anche per motivi più oggettivi, come possono essere tradimenti, mancanza di rispetto, maltrattamenti psicologici e fisici, abusi e manipolazioni, offese, malattie, difficoltà economiche, rendersi conto di non accettare la vita impostata secondo una modalità di coppia, l'impreparazione, o la semplice immaturità più o meno consapevole di vivere la vita nella modalità di coppia.

Certamente delimitare lo spettro che determina la crisi, non è la via più sicura per dare degli spunti di riflessione. Bisogna accettare un'alea di imprevisto nell'affrontare la vita in due piuttosto che da soli.

In questa dinamica duale un fatto che ha indubbiamente notevole importanza, è il possibile calo del desiderio, che può raggiungere il rifiuto sessuale, la mancanza cioè di un vivo interesse per l'unione fisica con il partner. La maturità troppo vissuta come tale, la presunta conoscenza reciproca in ogni angolo del proprio corpo e della psicologia del desiderio del partner, con il tempo, diventano un aspetto scontato, che non ha più quel fascino della scoperta quotidiana, e quel momento di intimità tanto desiderata negli spazi liberi dopo una giornata ricca di impegni e lavoro.

Senza un dialogo costante, un'ironia affettiva fatta di condivisione delle emozioni e dei sentimenti che si provano, c'è il rischio di un appiattimento che parte dall'emotività non percepita, che si riflette sul desiderio e quindi sulla vita sessuale.

Senza sesso non c'è amore, senza amore non c'è sesso, difficile voler capire subito le dinamiche di questo.

Il fatto è che, dietro una condivisione dell'intimità sessuale nella coppia, si può manifestare anche il rischio di mentalizzare un rifiuto più o meno palese, e il pensiero di essere sostituiti da qualcun altro in termini di interesse, può provocare una sensazione negativa che allontana il bisogno di aver vicino il partner.

Una volta individuati i probabili segnali di un malessere nella coppia, si innesca un'altra fase, quella della ricerca di una spiegazione. L'ansia di giustificare un comportamento che non capiamo, porta a formulare tutta una serie di valutazioni per assecondare il nostro distacco cognitivo. "Forse è il lavoro che lo stressa…forse la salute…ha bisogno di riposo…" etc…Si crea così nella mente dei partner un bisogno di diagnosticare un disagio che non si vuole ammettere e accettare come manifesto.

Con l'accettazione del fatto che qualcosa si è spezzato, è facile far seguire il momento dello scoramento, della delusione e quindi inevitabilmente del dolore. Se insistere diventa una coazione a ripetere di qualcosa che si è spezzato, alimentare la speranza rappresenta un rischio che sposta in avanti il passaggio ad una nuova fase di vita.

Gli schemi inconsci precostituiti guidano spesso le nostre scelte e le nostre decisioni, e ci muoviamo con il pilota automatico.

Per questo nella fase del dolore si possono elaborare una serie di meccanismi che generano del rancore verso chi fino a poco tempo prima era il nostro oggetto d'amore, il compagno di vita. Il rischio è quello di amplificare senza la dovuta prudenza questo sentimento, e vivere nell'attesa o nel rimpianto. Quando invece, la soluzione migliore è quella di lasciar scorrere e attraversare una fase di vita che ci ha provocato un simile shock emotivo e di vita.

Come diceva Oriana Fallaci:

"È la vita. A volte credi che due occhi ti guardino e invece non ti vedono neanche. A volte credi d'aver trovato qualcuno che cercavi e invece non hai trovato nessuno. Succede. E se non succede, è un miracolo. Ma i miracoli non durano mai."

9. Perché non conta corteggiare le donne….

"È sbagliato pensare che l'amore sia frutto di una lunga conoscenza e di un tenace corteggiamento. L'amore è la sorgente dell'affinità spirituale e se tale affinità non nasce all'istante, non potrà svilupparsi nel corso degli anni e neanche delle generazioni." (Khalil Gibran)

Nelle scelte d'amore, quello che interessa a chi cerca di trovare un compagno/a, è capire quanto sia importante chi sei o quanto conta come ti comporti.

Le vie del Signore sono infinite, qualcuno ha detto, ed è proprio il caso di quando si parla di scelte d'amore. Chi pensa di aver trovato la formula magica, corre il rischio di venir deluso, perché l'amore è troppo incomprensibile per venir compresso da regole, tanto più pensate da menti umane.

Partiamo dal concetto di libertà.

La scelta d'amore è una scelta libera, almeno all'apparenza. Quando ci si sente attratti da qualcuno, questo accade indipendentemente dalla volontà delle persone. Sono situazioni che si verificano e ci portano davanti a decisioni di solito immediate.

Cosa sta succedendo? Perché proprio ora che non cercavo niente? Molti si meravigliano quando dedicano attenzioni verso una persona, ci mettono anche l'anima, comunque fanno di tutto per manifestare il proprio interesse, e come risultato hanno ...un non risultato. Lamentano delle colpe, dei vuoti di partecipazione, ma non hanno chiaro che le cose in amore accadono indipendentemente dalla nostra volontà. E soprattutto quando stiamo parlando dell'universo femminile.

Le donne, tendenzialmente, non hanno idea di chi si innamoreranno nel loro futuro. Anche se possono avere un codice di preferenze, succede molto spesso che il loro cuore viene coinvolto da persone che non si aspettavano. Non si può farne una colpa.

Poiché le donne non sanno di chi si potranno innamorare, hanno una sorta di autonomia sentimentale che non viene troppo condizionata dall'atteggiamento dell'uomo. C'è chi dice addirittura, che le persone tendono ad essere attratte dal rifiuto e dall'indifferenza. O chi invece tesse le lodi del corteggiamento come forma di interesse autentico, che mette in luce una sorta di apprezzamento, accoglimento e quindi una manifestazione di un sentimento positivo.

Se vuoi farti amare, fatti desiderare. Il catalogo dei luoghi comuni è lungo, e ognuno può riconoscere un insegnamento da seguire.

Il punto è che niente di più apprezzato è il manifestare sè stessi nella propria autenticità. In fondo a tutti piace fare delle scelte giuste, e, anche se le mascheriamo come esperienza, sbagliare non piace a nessuno, specie se, lo sbaglio è frutto di un'interpretazione errata del carattere e del modo di essere di una persona. Perché, piaccia o non piaccia, la delusione è l'anticamera di una profonda sofferenza. Soffrire non è bello, comunque dovrebbe insegnare e far maturare.

Per non correre rischi, l'atteggiamento più sentito è quello di rivelarsi per quello che si è con giusta delicatezza. Quando non si mente, né a se stessi, ne agli altri, si è comunque in un binario energetico di positività. Si vive con quello che si è. Così nell'interazione con l'altro, non si dà modo di dubitare.

Nella voglia di stupire con effetti speciali, si corre il rischio di creare un panorama di aspettative piacevoli e appetibili, che poi possono portare a delle delusioni, proprio perché non sono sopportate da un patrimonio di realtà.

Affidarsi al fascino improvviso di chi si vuole rivelare per quello che non può essere e quindi non è, avrà come conseguenza il vivere una relazione sbagliata, che prima o poi manifesterà le sue crepe.

Ogni relazione sbagliata è nociva per il nostro benessere, perché consuma energie sia mentali che emozionali. La riserva poi richiederà del tempo per essere ricostituita, e quando il tempo è un fattore importante che non possiamo sprecare. Così ci rendiamo conto di quante importanti sono le nostre decisioni di affrontare relazioni con persone di cui sentiamo la non autenticità a pelle.

Avere fiducia in chi decidi di avere accanto è uno degli elementi fondamentali per poter dire che si sta affrontando un viaggio sentimentale che ci porterà gioia e serenità.

La fiducia determina lo stato delle relazioni. Nello scegliere con chi stare non ha senso valutare solo l'attrazione istantanea, quando quello che si cerca è un rapporto serio e duraturo che non porti sofferenza.

Molto spesso l'illusione è la risposta di chi non vuole vedere quello che vedono tutti, chissà forse perché si dice di essere accecati dal fuoco dell'innamoramento.

Visto dunque che le scelte d'amore non si possono incanalare in regole, che senso ha seguire passo per passo un manuale di approccio all'altro. Tanto più che non tutti siamo dei bravi attori, e quindi c'è il rischio di commettere errori banali, che rivelano la mistificazione che stiamo portando avanti.

Meglio dunque essere veri, non essere capiti. Forse ci trovavamo davvero di fronte ad una persona che non ci meritava. Perché il solo fatto di essere autentici e sinceramente interessati, costituisce un biglietto da vista che non tutti sono disposti a dare. E quando c'è, almeno stiamo vivendo qualcosa di pulito e umanamente costruttivo.

10. Il tradimento nella coppia responsabile.

Una delle situazioni più difficili da superare quando si vive una vita di coppia è rappresentata dal tradimento. Al di là dell'aspetto fattuale, il punto che innesca una crisi è la rottura di un legame che si fonda sul rispetto e la lealtà tra i partner. Il discorso è riferito a persone mature, che interpretano la vita a due come uno spazio di condivisione e che si sono impegnate nel segno dell'amore reciproco dichiarato e praticato, a garantirsi un comune vissuto di coppia per il bene reciproco.

Si può dire tutto e il contrario di tutto, in amore quello che regola i rapporti sono i sentimenti e le emozioni che questi sentimenti innescano nelle persone. Non si possono condividere momenti di vita, di intimità, con una persona di cui non sei innamorato/a. La condizione di innamoramento è il prerequisito per consentire quel calore forte di vicinanza e di passione, che ti porta a scegliere di impostare un percorso di coppia basato sull'amore.

I dati sono piuttosto chiari, vivere la coppia non è cosa semplice, e in particolare non è una prerogativa condivisa da tutti in senso responsabile, perché quello che qualifica la forza di un sentimento, non è solo il momento di passione che alimenta il piacere, e soddisfa la voglia di essere vivi, che tutti abbiamo.

E' questo un tratto biologico che abbiamo in forma innata ed è legato alla naturalità del nostro essere. Uomini e donne tradiscono, gli studi sociologici lo testimoniano con chiarezza. Oltre la metà di uomini e donne che stanno insieme in forma stabile, almeno una volta ha tradito il partner. Avventurarsi in calcoli più precisi è un azzardo, visto che la "pulizia del dato" anche per studi di questo genere, è aleatoria, essendo altamente improbabile il grado di certezza delle risposte nelle rilevazioni statistiche.

Tutto parte dall'amore, e dal valore che ognuno conferisce a questo sentimento. E l'amore non è solo qualcosa di emozionalmente instabile, ma quando si incarna in una relazione piena, voluta e vissuta, assume anche i tratti di un sentimento responsabile a tutela della vita affettiva dei partners. Vivere l'amore è una scelta che nessuno ci obbliga a fare: è il riconoscere nell'altro la possibilità di donarsi tutti e due con trasporto e con gioia. Non può esserci un amore vero quando questo sentimento è vissuto in forma unilaterale.

L'amore corrisposto in forma autentica è forse la più alta forma di privilegio che una persona possa godere nel corso della vita. E su questo aspetto, molti non riescono a capire quanto siano fortunati a vivere in una simile condizione: un universo di significato valoriale al di là della semplice prospettiva di una passeggiata di vita accompagnati da qualcuno che ti fa star bene.

Quando compare il tradimento, voluto o subito, si innesca in chi lo subisce, un tormento d'amore che coinvolge tutta la persona. Molti restano prigionieri della credenza, per cui tradire si fa ma non si dice. Se questo comportamento, che può rispondere ad un bisogno emerso dalla crisi del rapporto, e che non trova accettazione perché non riconosciuto e sottostimato, si è attuato in forma cercata e voluta, prende i caratteri di una rottura del legame e un forte attacco ai quei valori di fiducia e rispetto che sono fondamentali per vivere una relazione tra persone mature.

L'amore può avere una scadenza? Può essere, visto che nel tipo di vita che si fa e nell'equilibrio che questa trova all'interno della coppia, si possono generare dei fattori di rischio. Soprattutto quando si manifestano in forma più evidente delle carenze affettive e materiali, dovute anche al sovrapporsi al "Noi" di coppia, di un ambito più ego-narcisistico, che valuta come primario il proprio benessere, e non tiene in considerazione quello della vita di coppia.

Se la vita sessuale non è appagante, tanto più racchiusa in ritmi consuetudinari e vissuta quasi come un dovere, senza un minimo di coinvolgimento emotivo, il fuoco della passione si spegne, non c'è più un motore che scalda il cuore, perché non se ne sente più il bisogno.

E difronte a questo non ci si può nascondere dietro un falso schema per cui è tutto figlio dell'abitudine. All'amore vero, quando arde, non ci si abitua mai, anzi diventa un bisogno irrinunciabile per il proprio essere felici.

Ma di quale amore stiamo parlando?

Il concetto di amore non è uguale per tutti, perché tutti non siamo uguali. Nei rapporti con l'altro sesso, soprattutto quando ci troviamo ad interagire con personalità che si sono strutturate in termini fortemente narcisistici, l'amore individua un oggetto del desiderio su cui proiettare la propria voglia d'amore, la nostra "fame" affettiva. In questi casi di unione di due ego distonici, si assiste ad un diffondersi di "Ti amo" quasi unilaterali, in cui il significato inconscio è quello di essere un "Amo me attraverso di te", più che una manifestazione di unione di coppia.

L'aspetto egoistico dell'amore forse rappresenta uno dei tratti problematici nell'unione di coppia. Non è automatico riuscire a vedere la vita in una prospettiva del "Noi", quando si è vissuto sempre per assecondare il proprio Ego.

Ecco dunque il tradimento come risposta al bisogno che pulsa all'interno del proprio Ego. Un tratto caratteriale che rimane profondamente presente, e non riesce a fondersi in un vissuto emozionale e reale di coppia.

Se non si pone il benessere della coppia al vertice della relazione, è inevitabile che…non ci sia più una relazione, ma una diade di due ego che convivono cercando di amarsi, proiettando l'uno nell'altro l'immagine di quello che ognuno desidera per amare sé stesso. Un bel pasticcio!

Quando si passa attraverso l'esperienza del tradimento, c'è l'aspetto valoriale dal quale non si può prescindere, legato all'universo di affidamento all'altro che l'amore comporta. Non c'è forza, nè futuro, in una coppia che non ha consapevolezza di esserlo.

E quindi, non si può prescindere dal rispetto verso la coppia in sè e quindi inevitabilmente verso la persona che ha scelto liberamente di starti accanto. Il tradimento destabilizza la coppia, perché mette in discussione la base di fiducia e di rispetto su cui si fonda un amore tra per persone mature e responsabili.

Chi tradisce vuole fuggire da un legame, perché viverlo gli crea fatica e non si riconosce più in questo legame. Avere un rapporto intimo con una persona che non riconosci più come parte della coppia, e della tua vita emozionale, rappresenta un peso che non si è più disposti a sopportare.

Ci sono anche amori che comunque al di là di tutto non vogliono morire, ma che non trovano pace nell'insoddisfazione relazionale.

Per concludere, non è facile accettare un tradimento, e non è necessario pensare di farlo. Comunque, la coppia ha subito una lesione, e come tutte le cose che si rompono è sempre difficile accettare di aggiustarle e darle lo stesso valore di prima. A meno che il perdono non sia

una nostra ragione di vita.

11. Amore unilaterale: quando ami e non ti ama.

Amore uguale gioia, amore uguale sofferenza. Non c'è dubbio che tutti prima o poi proviamo queste emozioni. La sofferenza è direttamente proporzionale al tipo di situazione che stiamo vivendo, la perdita, il tradimento, la scoperta del disamore, la separazione, comunque ognuno ha motivi per soffrire in amore, e quello che vale per una persona, non può essere assolutizzato a pensiero di tutti, perché quando si è innamorati tutto è importante. Poi se c'è la scoperta di una realtà non esattamente uguale alla nostra percezione, questo diventa un fatto destabilizzante per il nostro equilibrio sentimentale.

Ma c'è un altro motivo che porta a vivere l'amore in maniera dolorosa, ed è descritto bene nell'inizio del film "L'amore non va in vacanza", con Cameron Diaz, Jude Law e Kate Winslett, l'amore unilaterale, l'amore non corrisposto. Già a pensarci viene l'ansia, visto che è un controsenso, non fa parte dell'amore il non essere amati.

Nell'amore sano e vero, la reciprocità del sentimento è il primo elemento che porta al vivere una relazione fatta di sentimento e presenza. Nell'amore altro, per dirla così, le possibilità di farsi male sono tante, e spesso, come capita il più delle volte, non si è consapevoli, ma si agisce secondo canoni impostati dal nostro inconscio, di cui, ahimè, che ci crediamo o no, non tutti abbiamo, la possibilità di manovrare.

Se, conoscendo una persona, magari con uno sguardo, oppure attraverso una conoscenza distribuita nel tempo, che porta al far provare una sorta di ansia da mancanza, pensieri fissi di desiderio, tanto da definirlo innamoramento, ci si accorge che questa emozionalità provata e magari anche rivelata, non viene condivisa, inizia un percorso di conflitto interiore che, per ogni persona, e nelle le diverse età della vita, è qualcosa di particolarmente delicato da affrontare.

Non c'è dubbio che accorgendosi di provare del sentimento verso qualcuno, non è cosi semplice disaffezionarsi, e tanto più disamorarsi, a seconda del grado di coinvolgimento. Chi dice il contrario, vuol dire che non lo ha provato veramente. Anzi possiamo tranquillamente affermare, che può essere un percorso difficile, perché comporta una commistione di molti aspetti psicologici del proprio mondo interiore, ed anche della propria mente.

E mi riferisco all'orgoglio ferito, alla paura, alla disistima, alla confusione, al mettere in gioco la propria capacità di rendersi conto di cosa sia giusto per noi. L'amore unilaterale è a senso unico, molto frutto dell'idealizzazione e quindi effetto di una proiezione di sé nell'immagine dell'altro.

L'amore unilaterale è una ricerca di amore, quando amore non c'è. Un bisogno represso di testimonianza di un vivere, che si manifesta privo di calore, o diciamo più velatamente, con dei vuoti da riempire. Un bisogno di essere riconosciuti come persone che hanno un perché al mondo.

Le persone tendono ad idealizzare qualcuno soprattutto quando la fase di esplosione dei sensi è massima, ovvero nell'adolescenza e giovinezza. Abbiamo tutti ricordo di attrazioni fatali verso personaggi del cinema, della televisione, della canzone, dello sport. Sono momenti di vita, in cui riconosciamo in personaggi che hanno una grande visibilità, una bellezza cosi come la sognamo, anche senza conoscere la persona o saper niente di più di quello che ci viene raccontato dal gossip o dalle cronache dello spettacolo. E' un sentimento d'amore privo di vita reale, anche se ci sono casi di fan che hanno sposato il loro idolo.

E questa situazione non dura per sempre. Viene pian piano sostituita dalla capacità di apprezzare la vita nelle forme più vere legate alla quotidianità degli incontri e degli episodi reali.

L'amore unilaterale è devastante quando diventa una fissazione, se viene manifestato e non accolto, magari deriso, e porta ad un dolore che si lega direttamente alla nostra autostima. Dubitiamo di noi stessi, quando gli altri ci rifiutano, e se per il normale svolgere della vita può essere fisiologico, quando si parla di amore, è un colpo al nostro ego e ai nostri sogni.

Non possiamo piacere a tutti evidentemente, lo possiamo capire.

Quello che ci sfugge spesso, è che l'amore fiorisce e si sostanzia di significato quando riusciamo ad amare chi ci ama veramente e ce lo dimostra con il suo comportamento. Sembra semplice, ma le cose semplici sono le più difficili da capire.

E' più passionale struggersi verso chi non ti ama, che ti fa provare emozioni anche forti, negative e positive, piuttosto che decidere di costruire un rapporto giorno per giorno, fondando la relazione anche sulla volontà di condividere il proprio mondo con qualcuno che ha la voglia di condividere il suo con te.

Questa è la differenza dell'amore maturo, che viene con il tempo e le delusioni, è l'amore passionale immediato che si brucia nel desiderio, qualunque esso sia. Sperando che tutto sia l'inizio di un idillio, e non un passo

verso il baratro emotivo....

12. Amore senza sesso e sesso senza amore.

L'amore è quel sentimento che permette al sesso di diventare qualcosa di autentico.

Nelle relazioni tra uomo e donna, esistono diversi piani di vissuto affettivo. L'aspetto più immediato è quello biologicamente definito dai canoni della natura, essendo la vita legata alla riproduzione, ogni essere vivente ha un codice di vita che è impostato per riprodurre la propria specie. E in questa dimensione, il sesso rappresenta lo strumento che la Natura ci ha dato per assolvere a questa funzione primordiale. Essendo questo un piacere, un piacere unico e forse non paragonabile, permette a tutti di esercitarlo e così la vita continua e il mondo si popola.

L'amore, nel senso di sentimento d'amore, ha una connotazione più completa, perché attiene alla sfera diretta dei sentimenti, oltrechè delle emozioni. Ma di emozioni si parla anche nel sesso. Il piacere dà emozioni, si tratta poi di averne consapevolezza, e di non cadere nella trappola della dipendenza.

Nelle dinamiche legate al sentimento (amore) e alla passione (sesso), si realizzano meccanismi diversi legati al vissuto di coppia, o comunque dei due partners.

Quando si prova un sentimento d'amore per qualcuno, si passa da una conoscenza ad un innamoramento, cioè un affidamento verso qualcuno che ci ha colpito per il suo modo d'essere, ma soprattutto per quello che riesce a trasmetterci. Infatti, quello che ha rilevanza quando ci si sente innamorati di qualcuno, e mi riferisco sempre relativamente a persone adulte, è la sensazione di benessere che ti trasmette con la sua presenza, sia fisica che pensata, idealizzata. Nell'innamoramento c'è un venire meno delle difese immunitarie del sentimento, che porta l'innamorato a concedersi all'altro, a dare sè stesso per vedere la persona che ha vicino felice.

Si dice appunto che per amare veramente non bisogna aspettarsi niente in cambio. Quando si analizza il sesso, preso nella sua specificità, si fa riferimento ad una pratica che è legata all'elemento passionale, e può essere vissuto anche senza trasporto di sentimento, o forse meglio dire, senza un grosso investimento sentimentale. Può essere una risposta biologica ad un'attrazione non prevista, la necessità di soddisfare un bisogno sentito e desiderato. Il fatto certo è che, si tratta di una condizione che è altro dall'universo amore, preso nella sua dimensione sentimentale.

Parlando di questi temi, mi rendo conto che non è possibile assolutizzare, essendo le persone diverse per educazione, cultura e sensibilità. Ognuno ha uno schema di approccio ai temi dell'incontro con l'altro, quando questo supera il confine dell'amicizia, che non è definibile a priori. Ci sono attribuzioni specifiche della propria umanità, che si condensano in un modo di agire personale. Basti pensare al modo di essere delle varie popolazioni in giro per il mondo.

Molto è legato anche alla condizione della donna, che nelle società capitalistiche ha raggiunto un livello di autonomia nella gestione della propria vita lavorativa e sentimentale tale, per cui molto spesso, detta lei stessa le regole di come deve essere il rapporto con l'altro sesso. Pensiamo adesso alla condizione forse più ottimale, ovvero la dimensione di coppia adulta, innamorata e sessualmente attiva. Sembra sia l'*optimum*, perché grazie al sentimento, la condizione di innamoramento garantisce, anche l'unione sessuale tra i due *partners* e può raggiungere dei livelli di coinvolgimento ottimali e condivisi in modo appagante.

Cosa può non funzionare? ... O l'imprevisto o il troppo!

L'imprevisto, ahimè, è un fatto sopravvenuto che non dipende dalla nostra volontà e può capitare anche quando le cose stanno funzionando alla grande, e mi riferisco ad esempio a malattia e crisi improvvise soprattutto. In questi ciò che soffre può essere l'aspetto sessuale della relazione. In questo caso l'amore inevitabilmente si trasforma, e chi subisce, si trova di fronte a delle scelte, che mettono a confronto il suo ego con il Noi di coppia.

Per quanto riguarda il "troppo", è la condizione di chi forse perde la bussola della situazione, perché troppo coinvolto nel momento magico che amore e passione riescono a dare a chiunque. Forse senza eguali, nel panorama delle esperienze umane e delle emozioni.

Il rischio è quello di non riuscire a farne più a meno, e nel volerne sempre di più, di attenzioni, di amore, di passione, di sesso. E, come si può ben capire, non sempre la coppia regge certi ritmi, visto che la vita è fatta anche d'altro, e le energie fisiche e mentali non sono distribuite allo stesso modo tra uomini e donne. Per cui, si può avere la voglia di cercare oltre la coppia un tipo di appagamento che è diventato pressante e a cui non si è disposti a rinunciare, e lo si cerca fuori la coppia, magari senza un motivo valido, solo per appagare un desiderio diventato potente e a volte patologico.

E' il classico meccanismo di dissonanza cognitiva che spiega una scelta fatta anche in modo inopportuno, allegando una spiegazione che ci auto imponiamo per giustificare queste scelte. Sono meccanismi della mente, che non tutti conoscono, ma che molti mettono in atto.

In questi casi il rischio è quello di rompere il Vaso di Pandora, di un equilibrio emozionale di coppia, che aveva tutti i numeri per dare il giusto grado di felicità, perché vissuto totalmente, in termini di amore e passione.

Ma quando si vuole troppo, e si è vittime, più o meno inconsapevoli, della propria infinita voglia di passione, ma anche di sentimento, si finisce spesso per limitarsi, e dopo un primo momento di assoluta gratificazione, viene a comparire il rimpianto, il rimorso, ma anche no. Comunque, di fronte al dolore dell'altro, anche se si dice di non averne testimonianza, si assorbe nell'inconscio una trama emotiva, che porta ad una confusione emozionale, da cui non si sviluppa poi un percorso chiaro.

I rischi che innesca sono davvero molto alti, anche per la persona più narcisista.

13. Il dubbio nella relazione di coppia.

Non si dubita mai abbastanza di chi non dubita di niente. (Roberto Gervaso)

Il dubbio è tendenzialmente lo stato d'animo che ci pervade quando non siamo più sicuri di qualcosa. In amore è qualcosa che può sgretolare anche la più forte delle certezze, ovvero che qualcuno ci ami sempre.

Può essere un sintomo, una debolezza, o di contro la testimonianza di un'intelligenza che non si spegne, ma sente, e cerca quello che è probabile ci sia al di là delle apparenze.

E' decisamente un carattere della personalità, che cambia con le persone, e quindi non ha per tutti lo stesso effetto. Può essere indotto dai pensieri di altri, dai fatti, dalle insicurezze, dalla paura. Certo che, essendo un sentimento molto diffuso, ha la sua importanza e risulta determinante nelle scelte di vita. Per questo, come per molti altri aspetti che riguardano la capacità di utilizzare la nostra intelligenza emotiva, risulta fondamentale educarsi alla sua comprensione, innanzitutto conoscendo il proprio modo di stare al mondo, e quindi, agendo per regolare i propri atteggiamenti.

Nella relazione di coppia, parlo sempre di quando siamo in presenza di persone autentiche, responsabili e dotate di volontà costruttiva e progettuale, la sensibilità di carattere, soprattutto femminile, è molto perspicace e attenta ad ogni aspetto del quotidiano vivere insieme.

Si può dire che qualsiasi cambio di umore, o mutamento di carattere, può essere preda di dubbi, che in menti particolarmente predisposte alla proiezione, costituiscono oggetto delle più svariate letture nel senso dell'incertezza.

Il classico pensiero "...non sia mai che...", innescato dal dubbio, ha una potenza che può diventare devastante sulla rappresentazione mentale di situazioni percepite. Nella mente e nell'animo di persone predisposte a vivere il dubbio come condizione prevalente, in particolare personalità ansiose, o instabili, ma anche semplicemente di chi ha vissuto precedentemente traumi di tradimenti o episodi di mancata fiducia, prima latente e poi manifesta, "quello che sembra...è!"

Difficile distogliere il pensiero di chi ha mentallizzato una convinzione così, ancorata ad un vissuto che l'ha confermata. Tutto sarà come è stato quella volta che...
I dubbi fioriscono nei silenzi del partner, nelle risposte incomplete, veloci e rallentate. Il dubbio cresce quando non ci sono le conferme

al telefono, quando manca la memoria dei ricordi e degli anniversari. Il dubbio si insinua, quando ci sembra di non essere più al centro dell'attenzione di chi ci sta vicino. Tante sono le radici che fanno vacillare la fiducia.

Un aspetto che si cela dietro il dubbio, è che comunque può esserci e quasi sempre c'è un problema, e il fatto che non venga manifestato, aumenta la possibilità che la percezione ci dà, di essere di fronte ad una questione importante, altrimenti non ci sarebbe timore a confidarla.

Che atteggiamento seguire?

Come in tutte le situazioni di relazione, sia amore che lavoro, o gruppi informali e amicali, che poggiano molto il loro valore sulla fiducia reciproca, quello che non può mancare è un'efficace comunicazione, un dialogo quotidiano, nel rispetto dell'altro, ma impostato sul benessere della coppia, che sicuramente ha le sue prime avvisaglie di crisi, quando proprio si percepisce un distacco non solo emotivo, ma anche semplicemente verbale.

"Ha un'altra relazione", altrimenti non si spiegherebbe il silenzio, e il cambio di atteggiamento. Questo il risultato più immediato del dubbio.

Decidere di essere coppia, vivere la propria egocentricità in una dimensione di coppia, accettando la presenza costante di un'altra persona, di cui certamente si è innamorati, e per cui si ha un trasporto affettivo ed emozionale, è, che lo si voglia capire o meno, anche un impegno.

Un impegno piacevole, quando la reciprocità affettiva colma quotidianamente il nostro bisogno d'amore, un po' meno quando si sente sciogliersi il legame, per una serie di mancate attenzioni, che una volta erano naturali e direttamente volute.

C'è un aspetto endogeno, interno alla relazione di coppia, legato alla passione, sia dell'innamoramento, sia la passione prettamente fisica, che va vissuta sempre, non posticipata, aspettata, desiderata e concessa come fosse un dovere. Sentire la passione che traspare viva e voluta nel partner, è un segnale molto chiaro di presenza di un legame che pulsa.

I dubbi che potrebbero alimentarsi da nostre osservazioni o valutazioni dell'altro, nel momento del rapporto sessuale e della vita intima di coppia, tendenzialmente svaniscono, o comunque non rappresentano più un pensiero dominante.

Il momento decisivo avviene, quando i dubbi si rivelano realtà. Un dolore latente sopito nell'incertezza che mina la fiducia verso il partner, precipita nel rifiuto e nel disgusto sentimentale. Il vivere la coppia nel dubbio è una delle situazioni più difficili da portare avanti. Perché non c'è più certezza, né convinzione di ripristinarla.

Anche se il dubbio si vuole superare, quando c'è l'evidenza del fatto, la domanda, "Ma vale la pena andare avanti, o cambiare strada?", chiunque si trovi ferito, se la pone. Quello che distingue la forza del dubbio è di esplicitare un fatto relazionale. Anche in una relazione solida, l'attrazione verso qualcuno che ti capita di incontrare nel corso della vita, tanto più se viene corrisposta magari in maniera inaspettata, è assolutamente possibile. La capacità di gestire questo fatto in una dimensione di coppia, è invece patrimonio di chi la coppia l'ha creata, e ritiene che debba esistere e vissuta. Se la coppia esiste, vive e manifesta le sue capacità. Per cui il dubbio, esplicitato in una dimensione di coppia, quando questo deriva da un'impressione, che potrebbe essere anche solo tale, viene ad essere qualcosa di fisiologico e normale nelle dinamiche della vita. Anzi, segno di attenzione, e di cura della coppia. Troppi silenzi, e mancati chiarimenti tempestivi, sono l'anticamente del disamore.

E se un "malessere di coppia", fisiologicamente presente nel corso del tempo si affronta, con una semplice aspirina d'amore, spesso viene superato e archiviato.

Se invece, non viene affrontato e si tende a negarne la presenza, il dubbio fa il suo lavoro, continuando ad agire sullo screditamento e sul pensiero negativo.

La lenta conferma dei dubbi, molto spesso amplificata dal contesto delle opinioni amicali, o di superficiali letture basate sulle apparenze, finisce per creare un clima di scontro.

Il risultato non può essere che il distacco, e il disamore.

Il dubbio ha raggiunto il suo scopo negativo, minare alle basi lo schema di fiducia, su cui si fonda la coppia.

14. Perché gli uomini hanno bisogno delle donne.

Tra uomini e donne esiste sempre un rapporto di amore/disamore che crea dinamiche di dipendenza affettiva che si riflettono sulla vita di entrambi. Tendenzialmente le donne possiedono un grado di sensibilità più accentuata rispetto ai colleghi maschi, e questo è un fatto naturale, che può svilupparsi nel corso del tempo. Un simile tratto di personalità permette alle donne di capire le cose molto velocemente, quasi ancor prima che succedano. E così, anche in funzione di una loro minore fisicità, riescono ad attivare meccanismi di allarme emotivo che permettono loro di affrontare situazioni improvvise e quindi di adeguarsi al meglio. Le donne nel loro percorso di crescita sono indirizzate dall'educazione ricevuta a farsi carico delle situazioni, in particolare per quanto riguarda la sfera degli affetti. In ragione del fatto che hanno una naturalità biologica orientata a generare la vita, ed essere pronte perché quella vita possa trovare accoglienza, crescere e determinarsi. La capacità delle donne di prendersi carico dei problemi a livello familiare, le contraddistingue anche a livello più ampio. Infatti, questa disposizione dell'animo verso il benessere degli altri e l'attenzione verso le disuguaglianze e i problemi del mondo, le porta a lottare spesso per trovare delle soluzioni che riescano a risolvere queste situazioni. Sviluppano una propensione a percepire anche nei dettagli, lo stato d'animo del partner, e in forma più generale cosa sta succedendo intorno a loro. Le donne tendono a spendersi per il benessere altrui, proprio seguendo la loro natura. A differenza degli uomini che hanno un registro naturale più ego tonico. Il fatto che la donna è madre e nasce con questo tratto biologico, costituisce un elemento caratterizzante nel determinare la personalità dell'uomo, di cui si prende cura fino dalla nascita. L'uomo-bambino nasce ed è accudito dalla madre, e per questo può sviluppare verso l'elemento femminile un rapporto di riconoscenza e devozione, che rimane registrato nel patrimonio del suo inconscio. Appartiene all'ambito delle risorse da spendere per il suo futuro. Quando poi donne e uomini decidono di dare inizio ad un progetto di coppia, l'uomo spesso riesce a vedere nella sua compagna la forza che gli manca per realizzare tutti i suoi progetti. Infatti, quando la donna è innamorata del suo uomo, riesce a moltiplicare le risorse della coppia, perché è lei che possiede quei caratteri tipici di organizzazione del "nido" indispensabili per pianificare il lavoro familiare. L'atteggiamento che poniamo in essere definisce per gran parte la capacità di determinare ciò che ci può accadere. Spesso la donna innamorata, nel connubio di coppia, riesce a preservare il suo uomo dal pericolo di chi tenta di alimentare uno sgretolamento dell'autostima del suo compagno di vita, proprio perché coinvolta nel progetto di vita insieme. La sua forza psicologica garantisce un rifornimento affettivo di cui l'uomo ha necessità in quanto determinato spesso delle dinamiche del lavoro ed orientato al fare, piuttosto che al "sentire". Assumersi il ruolo di "salvatrice della coppia", è un altro comportamento che le donne tendono a svolgere in forma quasi naturale di fronte alle difficoltà, in virtù della convinzione ancestrale per cui il compito insegnato alla donna è quello di "essere gli angeli del focolare", responsabili e premurose verso gli "uomini cacciatori" che spendono il loro tempo per garantire il benessere materiale alla famiglia. Il tratto femminile comporta questo elemento caratterizzante, anche nella coppia, per cui la donna è il punto fondante della relazione e della vita di coppia. Di solito, e lo confermano numerosi studi, la presenza delle donne in un gruppo, porta gli uomini ad attivare un pensiero più cooperativo, perché aumenta l'interesse verso gli altri, che le donne praticano in forma maggiore. Questo ha come risultato che si instaura un principio per cui il risultato migliore che si può ottenere è quello cooperativo. Si può dire che la presenza delle donne nelle organizzazioni aumenta la cooperazione e la collaborazione nella società. Nell'uomo la donna vede come utile quel carattere di sicurezza, una persona forte spiritualmente, emotivamente, responsabile e adattabile alle varie situazioni, disponibile nei suoi confronti. Dietro un uomo c'è sempre una grande donna, la celebre frase della scrittrice Virginia Wolf, è frutto di un'osservazione attenta della realtà dei fatti. Molti grandi uomini, ma in generale tutti gli uomini, non avrebbero potuto e non potrebbero raggiungere quei risultati senza avere accanto una donna innamorata che riesca a far emergere da loro il massimo del loro potenziale e della loro forza. È proprio per questo che gli uomini non possono vivere bene senza una donna vicino...

15. Cambiare per amore?

Cambiare per amore è possibile?

Non necessariamente è la cosa migliore da fare. Quando si sceglie di stare con una persona lo si fa principalmente perché ci ha fatto innamorare e quindi la miccia dell'attrazione l'ha innescata quel particolare modo di essere. La relazione chiede poi degli "aggiustamenti", perché vivere insieme è un'esperienza di condivisione, che l'innamoramento non ha spesso come priorità. Secondo molti, amare vuole dire conoscersi e sapersi adattare alle esigenze dell'altro, fare passi indietro per il bene della coppia, trovare un modo di essere che sappia creare quell'empatia giusta per relazionarsi. Altri sostengono che se qualcuno ti ama, ti accetta così come sei, senza pensare al cambiamento, o derubricandolo a possibilità non necessità.

Bel dilemma. Sicuramente riconoscersi parte di una coppia, è già un passo avanti nel capire quello che vuol dire lo stare bene insieme. Se ci si dimentica presto di questo, che senso ha volerci stare nella coppia?

Nel conoscere una persona sicuramente colpiscono i lati positivi, le capacità, i pregi, le emozioni che trasmette, la sincerità d'animo, il fascino. E con l'innamoramento tutto questo si amplifica.

La ricerca di un perfezionismo può renderci però vittime dei nostri stessi desideri. Non esiste il perfettamente perfetto, esiste la voglia di migliorarsi. Questo è l'atteggiamento più coerente con il proprio stare al mondo. Se infatti avete la fortuna di conoscere qualcuno che ha questo pregio, avete un'opportunità grande, non è da tutti accettare critiche e consigli, e cercare di trovare un modo per essere una persona migliore. Per cui, più che di fatti oggettivi, è un problema di *mindset*, impostazione mentale e di educazione sentimentale. Se attraverso l'amore ci aspettiamo di ricevere in cambio qualcosa che ci renda felici, allora il cambiamento può essere importante, visto che, di fronte ad un modo di essere del partner che non ci appartiene più, rischiamo di minare le basi della nostra serenità emotiva.

D'altra parte, volendo cambiare per amore, non bisogna annullare se stessi, e giustificare l'amore per l'altro come più importante che l'amore proprio.

Anche l'essere innamorati non è sufficiente per vivere bene insieme, o meglio, non l'unico aspetto per una relazione durevole. Scoprire difetti o aspetti della personalità che ci erano sconosciuti, può provocare conflitti.

L'attenzione verso l'altro che ti sta vicino, si dimostra nel capire quali sono le esigenze più importanti, e nel fare in modo che si possano passare momenti di felicità e di passione, tali da alimentare il sentimento dell'amore di coppia.

L'amore come modo di vivere è un'altra cosa, dal vivere una relazione di coppia con amore.

Accettare i limiti propri e quelli di chi sta vicino? O superarli insieme?

Se davvero la coppia è un qualcosa in più, che permette di crescere e maturare, di vivere meglio, di fare di più ed essere più felici, allora superare le proprie difficoltà, le proprie paure, ansie, insicurezze, è un obiettivo di coppia, a cui entrambi si partecipa.

Vedere la persona che ti sta accanto crescere con te, migliorare, diventare più bella, più sicura e più forte, sicuramente è un segnale che l'amore che viene dato sta portando frutto.

Perché semplicemente l'unione fa la forza, e la condivisione dei propri limiti, porta ad averne maggiore consapevolezza, e meno paura. E quindi a superarli.

Quanti sono gli esempi di grandi personaggi che trovano nell'equilibrio familiare quella giusta energia emotiva per affrontare sfide anche impossibili?

E'la forza dell'amore che agisce. Spesso non ci rendiamo conto di cosa sia ricevere amore in maniera autentica. Forse non c'è altra energia più potente per spronarci a cambiare atteggiamento e diventare persone migliori.

L'amore è come un fuoco, si accende, arde, brucia, ma non si autoalimenta. E'necessario metterci il combustibile, che poi sono i sentimenti e le emozioni. Anche quelle negative, non troppo, sono fisiologiche, salutari, perché tendono a sollecitare il coinvolgimento, nel credere ancora all'esperienza di vita in coppia. Perché con la classica frase "...quando hai un attimo, noi due dobbiamo parlare...", c'è, al di là del disagio che si sta vivendo, anche la voglia di trovare una soluzione. Se qualcuno ti delude, si soffre, e la sofferenza fa parte dell'amore.

Se invece non c'è più sentimento, non si soffre, c'è disinteresse, apatia. Il termometro sentimentale dà un segnale, il fuoco che ha unito la coppia si spegne. Non c'è più voglia di fare presente le cose che non vanno, nessun movimento, silenzio, tutto si atrofizza. E si spegne.

Meglio allora litigare, dirsi tutto quello che non va, per capire che non ci basta così come stanno le cose, che tutto può essere meglio e diverso. Non dare attenzione, porta a non ricevere attenzione, si dimentica il significato di essere coppia, e neanche il ferirsi fa più male.

Ognuno vive di sé, per sé, e il proprio ego vince sul noi della coppia. Lentamente ci si allontana. Per cui, il segreto come spesso si sottolinea, sta nel dialogo sincero, visto che quando qualcosa non va come dovrebbe, il solo fatto di non affrontare la questione subito, ingigantisce la percezione di quello che sta succedendo, anche se non lo ammettiamo. L'alibi della paura, può essere un momento di riflessione, ma non deve diventare una giustificazione che precluda il confronto di coppia.

Se il cambiamento viene interpretato come un'evoluzione positiva, che permette allo stare insieme di calibrarsi meglio, può sicuramente rappresentare un momento di crescita per la coppia.

16. Il senso di colpa.

Il senso di colpa è una situazione emotiva molto soggettiva, che si manifesta quando la persona sente di aver causato un danno o un dispiacere verso qualcun altro, e per questo prova disagio, pensando in maniera frequente di volere porre un rimedio a compensazione.

La condizione che si instaura con il senso di colpa è di particolare sofferenza per chi lo sta provando, la quale può avere espressioni anche molto invasive per la salute. Infatti, la somatizzazione di uno stato emotivo disturbato e segnato in termini di pensieri negativi, porta spesso come conseguenza la manifestazione di patologie a livello di salute del corpo. Per quanto riguarda l'espressione diretta del disagio emotivo provocato dal senso di colpa, il passo diretto verso uno stato depressivo è frequente. L'idea di avere causato, in maniera conscia o meno, un problema, di aver infranto regole, portano a soffrire. Il dolore che si prova diventa l'eco di un disagio non risolto. Da qui, la lotta tra inconscio non rimosso e desiderio di riparazione, diventano l'inizio di uno stato depressivo.

In questo confine, che viene tracciato tra una condizione che la persona subisce, oppure che ha causato in forma diretta con un atto volontario, si può definire la responsabilità o meno verso il proprio stato d'essere e la risposta verso questo tipo di emozione, che inevitabilmente in tutti i due i casi si manifesta. Quando si causa un danno a qualcuno, sia che sia stato fatto in maniera intenzionale o per semplice atto fortuito dovuto ad altre motivazioni di cui non si è stati pienamente responsabili, si cade in un meccanismo legato all'emozione che inevitabilmente si prova per il dolore che sta vivendo la persona coinvolta nel fatto.

Certamente la sensibilità soggettiva è un elemento non uniforme, e quindi la reazione della psiche di ognuno è molto legata alla propria modalità di compensazione emotiva.
Il fatto comunque rilevante per chi è colpito dal senso di colpa, è che si provoca uno squilibrio nel proprio stato di salute, sia mentale che fisica, proprio a causa della sofferenza che gli altri provano.

La chiave per tentare di capire i meccanismi di questo stato è da ricercare nel rapporto tra la realtà e la percezione della stessa attraverso il nostro sistema cognitivo-sensoriale. Sigmund Freud aveva affrontato il tema nel suo libro *"Lutto e malinconia"* del 1915, portando l'attenzione dell'importanza nello sviluppo mentale a partire dall'infanzia, periodo in cui pensiero e realtà esterna sono percepiti senza un apparente distinzione, che poi si specificherà con la crescita. E'questo il tempo in cui può comparire un modo di rapportarsi con la realtà che tende a soggettivizzare tutto attorno al proprio modo di essere. Quindi, se qualcosa succede, c'è un riflesso diretto a cui io do un contributo con il mio comportamento. E se intorno a me assisto a situazioni di sofferenza, tendo a farmi un quadro di auto colpevolizzazione oggettiva, che può avere degli effetti patologici.

Nell'esame di realtà, importante è valutare se effettivamente con il nostro comportamento abbiamo provocato qualche effetto negativo sugli altri. Al di là di casi tipici come può essere l'incidente di macchina, il senso di colpa vive molto nelle dinamiche relazionali, in particolare d'amore. E'questo un ambito di sofferenza del "cuore" e dell'anima, che deve essere tenuto molto in considerazione, poiché gli effetti del nostro benessere emozionale possono essere anche molto invasivi. Non c'è solo lo stato depressivo più ho meno grave, ma anche il semplice riflesso sull'umore che la colpevolizzazione autoimposta o di riflesso provoca.

A monte c'è una questione di fondo, e cioè l'impreparazione per gestire determinate situazioni. Il grado di intelligenza emotiva non è molto sviluppato, ed in particolare questa competenza che ha un valore molto pregnante per la vita di tutti, non è ancora molto considerata, e insegnata. L'intelligenza emotiva è la capacità di riconoscere, comprendere e gestire le proprie e altrui emozioni in maniera consapevole. Il rischio che la mancanza di una sana intelligenza emotiva comporta, è quello di sentirsi responsabili in qualche misura un po' di tutto quello che accade. E attribuirsi profili di colpa percepita, di cui non c'è nessuna ragion d'essere.

Si tratta di avere coscienza che quello che succede dipende al di là della nostra presenza al mondo, al di là della nostra volontà. Molto spesso non riusciamo a comprendere, che le decisioni che riguardano gli altri, sono gli altri che le prendono. E se qualcosa non va come dovrebbe, il nostro atteggiamento non può essere di specchio riflesso, ma semmai di umana partecipazione e solidarietà, non di colpa.

L'elemento fortuna è un carattere presente, come il principio finalistico, il destino è un po' una trottola che gira diversamente per tutti. Non si può troppo domandarsi perché uno riesce a diventare felice, ricco, amato e soddisfatto e chi invece vive nel dolore.

Spesso, al di là dell'impegno soggettivo nel porsi al mondo, quello che ci accade non è colpa di terzi. Ma anche no, in quei casi il senso di colpa è quasi un richiamo verso chi mette in atto pratiche vessatorie o comportamenti lesivi e squilibranti per affermare se stesso. E' un cartellino giallo, o rosso, come si preferisce, il senso di colpa può farti riflettere sulla qualità delle tue scelte, e sul perché le hai messe in atto. E' un invito a cambiare, prima che sia troppo tardi, perché se un disagio naturale che il senso di colpa ti provoca in tempi in cui qualcosa si può rimediare, quando sei giovane o in età matura per esempio; se però questa consapevolezza che il senso di colpa ti rimanda, quando viene decifrato il messaggio inconscio che ti sta proponendo (cambia!), non si accoglie, allora il senso di colpa diventa un peso sulla coscienza senza possibilità di essere tolto, quando compare in età molto avanzata.

Li c'è la vera crisi, visto che al male causato, non c'è tanta possibilità di rimedio, resta solo la possibilità di chiedere perdono, ma difficilmente anche se si tenta di restituire, c'è un feedback autentico. Rimane solo la pietà....

17. Perché è importante la condivisione nella coppia?

La coppia, questa forma di convivenza spesso tanto desiderata, è spesso fonte di situazioni inaspettate, forse perché non siamo preparati bene. Il desiderio di vivere in coppia è un obiettivo fin da adolescenti, quando la natura detta le sue leggi e spinge le persone a cercarsi, a frequentarsi, a scegliersi, volersi ed amarsi. Accanto ad una spinta "biologica", c'è un motivo personale, l'unione fa la forza, ed affrontare la vita con una persona che ti ama vicino è sicuramente gratificante e dovrebbe portare quella gioia che stando da soli può mancare.

Vivere in coppia ha le sue "regole". Perché le cose possano funzionare, il concetto base della relazione è la condivisione. Si dice appunto che la felicità è reale se viene condivisa.

L'unione di coppia si alimenta di ogni momento in cui si dedica tempo per trovare insieme la scelta migliore nelle decisioni da prendere per entrambi. E' un comportamento da compiere in due, affinchè si possa parlare di condivisione.

Mi ricordo perfettamente quello che mi disse anni fa una persona a me cara di Bologna, che allora mi fece pensare molto. In procinto di sposarsi il suo fidanzato si era presentato a casa sua con le chiavi di un nuovo appartamento, che doveva essere la loro dimora come coppia di sposi.

Alla fine di quella giornata, mi disse, lo lasciai. E stavano bene insieme, c'era la decisione di sposarsi, c'era amore. "Perché hai fatto così?" Chiesi, incuriosito. "Perché aveva fatto tutto senza di me, per una decisione così importante, appunto che riguarda la coppia."

Le donne tendenzialmente hanno un paradigma emozionale molto più sviluppato. Quello che per l'uomo può essere scontato, o non pensato, per loro è un valore estremamente importante. Così lei, aveva rinunciato a tutto, perché non sentiva in chi le stava vicino la consapevolezza di essere parte di una coppia. Non solo a parole, ma nei fatti.

Ero giovane, e non capivo bene subito questo modo di vedere la vita, che poteva sembrarmi un po'intransigente. Ma poi mi sono reso conto di quanto sia importante per una sana e felice vita di coppia, il fatto di coinvolgere e rendere parte di ogni decisione la persona che ami e che ti ama.

Quindi amore significa soprattutto condividere. Amore non è amarsi perché hai vicino chi ti ama, ma è amare la coppia che stai formando e vivendo con chi ti ama. Se pensi che stare insieme a qualcuno possa diventare solo un modo per affermare te stesso, difficile che la tua vita a due abbia il futuro che ti immagini. La coppia ha bisogno di cura attraverso l'esercizio della condivisione, come l'uomo ha bisogno di mangiare, di bere, di dormire. Una condivisione multipla, anche di pensieri, delle emozioni, dirsi tutto nei modi e nei tempi giusti, comunque non dimenticare la presenza dell'altro. Se manca questa volontà tra lei e lui, e non si apprezza anche il piacere di condividere il tempo, si può comunque stare insieme in forme di convivenza che non hanno il carisma delle coppie intimamente legate da un sentimento vero d'amore.

18. Amare e bisogno d'amore

La voglia di rendere partecipe chi hai scelto di volerti accanto, è importante anche se si pensa alla progettualità, dove vogliamo essere tra un anno, tra dieci anni. Costruire un percorso fatto di obiettivi, che trovano la giusta dimensione non in un'ambizione divisa tra lui e lei, ma condivisa con lui e lei.

Condivisione e fiducia, sono elementi che qualificano la relazione. E per questo è importante la comunicazione per dare espressione al proprio vissuto e condividerlo. La condivisione si realizza anche nell'aspetto pratico della coppia, per cui il tuo problema è il mio problema, un po' drastica come affermazione, ma è da cogliere il senso. Così la condivisione diventa una risorsa, sempre nel rispetto delle forze in campo, ed evitando che possa diventare una sorta di alibi per non impegnarsi a fondo con la propria forza di volontà. Sviluppare questo è una modalità di *coping* relazionale. Permette di innescare meccanismi di resilienza condivisa, che moltiplicano le possibilità di soluzione e rendono più forti le persone che scelgono di vivere in questo modo.

Lo stare insieme per interesse, usarsi per compensare solitudini o disegni di ambizione personale, è sicuramente possibile, specie in tempi come questi. A volte diventa uno stato successivo della coppia, una trasformazione del rapporto, in cui prevale l'aspetto del bisogno, rispetto all'innamoramento iniziale, per cui tutto appare come vivere in una favola.

La vita trasforma le situazioni e le persone. Per cui non sempre possiamo avere le risposte che desideriamo. Le persone possono cambiare, e quello che può essere un fattore di cambiamento, è rappresentato proprio dai mutamenti di *status*, successi professionali, ricchezza, ma anche la perdita della salute. La magia dell'amore richiede un'intelligenza del cuore, che solo il desiderio di vedere il partner felice con te, può garantire.

Ci vuole tempo, pazienza e tanta voglia di credere che la felicità si raggiunge anche vivendo vicino a chi ti ama e te lo dimostra. Può succedere che in una relazione si arriva ad un punto in cui non c'è chiarezza sulla volontà di amarsi, sia amare che voler essere amati.

C'è un sottile confine tra amore e stare con qualcuno come rimedio al bisogno d'amore. Quando si manifesta in modo palese, ovvero sentendo la mancanza della presenza di chi dice di amarti, in particolare nei momenti più delicati, si percepisce l'assenza, un vuoto mascherato di parole. Spesso è difficile rendersene conto, perché nelle relazioni, si costruiscono "gabbie mentali" di affetto, frutto dell'intera storia d'amore, che assorbono mente e cuore, e non permettono la lucida consapevolezza di vedere le cose così come sono nella loro esatta realtà. La misura di questo condizionamento è proporzionale al proprio grado di sensibilità emotiva, e quindi a quanto riusciamo a tenere in allenamento il cervello difronte alla forza del cuore.

Nelle P.A.S., persone altamente sensibili, le emozioni vengono vissute in maniera più accentuata, sia quelle positive, che quelle negative. Il bisogno d'amore può essere sincero e autentico, e in questo caso è vissuto come espressione di un innamoramento condiviso. Non c'è bisogno di spiegarsi tanto, quando si è innamorati, tutto accade per magia, il rapporto si vive con naturalezza, senza determinare possibili ipocrisie affettive.

Il legame d'amore è fatto sia di passione, che di trasporto per il bene di chi si ama. Tutto è molto appagante, bello, sincero.

Ma il gioco dell'amore si rompe quando subentra il bisogno. E'difficile lasciare chi ti sta vicino quando ci si vive come coppia, ma coppia non si è.

Finchè credi in una persona e nelle sue capacità, l'amore resiste. Si tratta di coltivarlo, ma a farlo bisogna essere in due.

E' stato Erich Fromm a dire che un "ti amo perché ho bisogno di te" è un modo immaturo di amare. Ma spesso rappresenta la realtà del quotidiano. Vivere è anche scontrarsi con i problemi della vita, che sono anche materiali.

"Ho bisogno di te, perché ti amo", si dice può essere un modo maturo di amare. In entrambi i casi la categoria del bisogno è qualcosa che contrasta con l'amore. Quando si sta bene insieme perché si è innamorati, non c'è un pensiero legato al bisogno di qualcuno. Se siamo strutturati in modo completo e risolto, due persone hanno una personalità che trova valore dall'unione di coppia. Ma questo non li limita, anzi tutt'altro.

L'amore è forza quando viene vissuto insieme, quando diventa un patrimonio di coppia. Amando non si diventa deboli, lo si è quando si viene fraintesi, usati e presi in giro. Per questo è importante capirsi fin dall'inizio, quando si manifesta un sentimento. Non bisogna buttare al vento un pensiero per chi non ha voglia di dedicare a questo pensiero il valore che il sentimento d'amore comporta.

Se riconosciamo che essere amati è un valore, possiamo aprirci e stabilire una connessione emotiva, lasciando viva la nostra identità che si arricchisce proprio per l'energia che l'amore autentico porta nella vita delle persone.

Un punto fondamentale che molti non tengono in giusta considerazione è il fatto che l'amore inespresso ha come conseguenza la perdita di interesse. E' un momento che determina l'inversione tra mente e cuore. Non rivelandosi si preferisce dare ascolto alle proprie paure, e questo autolimita il proprio potenziale, dando la possibilità al cuore di cercare altre strade. Come dire, se non hai il coraggio di esprimerti, poco conta che io ti faccia provare emozioni.

Bisogna capire che nel mondo del sentimento, è importante essere consapevoli che viene percepito ogni aspetto del nostro modo di essere, e quando traspare che non siamo autentici, difficilmente l'amore ha vita lunga. Perché puoi ingannare un cuore pieno d'amore all'inizio, ma quando il cuore è stanco di soffrire, non c'è più niente da fare. L'amore è finito, per sempre.

19. Il coraggio di vivere le proprie emozioni.

Il coraggio è la voglia di non arrendersi e il desiderio di cambiare il proprio destino in maniera veloce, senza accontentarsi della propria situazione. Se non agisci e decidi, anche in amore, ci sarà qualcun altro che deciderà per te. Non si tratta di rimanere in *stand by*, in attesa, ma di vedere all'interno del mondo delle emozioni, un mondo che va interpretato. Il coraggio sta proprio qui, nel non aver paura delle proprie emozioni, che rivelano il proprio essere. C'è chi vede nel "percepire emotivo" un segnale da cogliere per vivere meglio, in maniera più autentica.

L'amore, la forma più alta nella scala delle emozioni, è riservato a chi osa, non si può evitare di amare, quando scatta un sentimento. E'il momento di viverlo fino in fondo.

L'amore non si può elemosinare, se non viene considerato è inutile continuare. Il coraggio di provarci può scontrarsi con la scoperta di un sentimento unilaterale, e quindi innestare un senso di delusione. Per questo il coraggio può essere frainteso e visto come un movimento azzardato, non ponderato e troppo immediato. Non si può determinare l'amore e quindi prevederne gli effetti. C'è un fattore di rischio che dà spazio al ripensamento. Il coraggio va in combinato disposto con il rischio. E' il principio stesso del mettersi in gioco che spinge a rischiare.

Quando ti trovi difronte a frasi tipo: "tu mi piaci tanto, ma stare insieme diventerebbe una cosa complicata", oppure la classica "ho paura di soffrire", è il caso di riflettere.
Perché si inventano scuse? E'la paura che toglie forza al sentimento. Il vero motivo è che non vuoi amare, e avere una relazione.

Ma la fortuna aiuta gli audaci, e quando si dà spazio al coraggio, si invia un segnale, la voglia di dimostrare a se stessi e agli altri il proprio valore. Una forma di vitalità che non può lasciare indifferenti, anzi insegna a non arrendersi mai.

Ecco perciò che se si prova qualcosa, è giusto trovare subito il coraggio di dirlo e di dimostrarlo. Solo così si inizia un percorso di autenticità. E di fronte alla voglia di comunicare un proprio sentimento d'amore si arriva ad essere pienamente coinvolti con se stessi, vivi, e consapevoli del proprio mondo.

Il ruolo che si svolge non è quindi di spettatori, ma di protagonisti. Volere è potere, e dunque il primo passo è conoscere le emozioni quando si stanno manifestando. Solo il coraggio ti dà la forza di vivere sempre quello che provi e rendere partecipi gli altri di questo tua forza

vitale. Quello che vive è l'Amore, la passione e
il lasciarsi andare.

20. Cosa rende importante un amore?

*È vero che gli amori nascono sempre pieni di speranza e poi non sopravvivono al tempo?*Ogni volta che ci innamoriamo rischiamo di essere impreparati a questa condizione di vita. Perché spesso succede, e non ne capiamo subito la ragione. Proprio in questo momento…, tipica osservazione. Adesso avrei altro a cui pensare, insomma gli amori più belli sono quelli improvvisi, inaspettati, che possono coincidere con i colpi di fulmine, ma anche con incontri che all'inizio sembravano essere tutto l'opposto rispetto all'incontro con una persona di cui innamorarsi.

Un momento importante della vita è che molto spesso, non possiamo decidere di chi ci dobbiamo innamorare. Capita, e quando capita, sorprende entrambi. Non avrei mai pensato di innamorarmi di te..., però è successo, questo dicono le persone dalla stravaganza del sentimento amoroso.

Quello che bisogna vedere quando succede, è l'aspetto positivo. Siamo vivi, perché proviamo emozioni, ed emozioni forti, coinvolgenti, che ci condizionano.

Si dice spesso che quando si è giovani, innamorarsi è più frequente. Già, probabilmente sì, visto che è la natura stessa dell'età che porta all'incontro, e al condividere il fascino di qualcuno. Quando poi questo insieme di percezioni seduce, il cuore si coinvolge in forma di sentimento. Questo denota indubbiamente una condizione di forte vitalità.

L'innamorarsi più volte è anche un bisogno, perchè è un segnale della nostra dimensione umana. Siamo naturalmente portati all'amore, e l'innamorarsi definisce la voglia di stare insieme che ci appartiene come esseri viventi. Un amore può essere più o meno grande, ma questo non lo si può sapere prima, perchè, di solito, tutti gli amori nascono per sempre, immortali, pieni di pathos e sentimento. Un amore diventa grande, nella misura in cui decidiamo di viverlo e spogliarci delle nostre paure, per coglierne la bellezza. Facile a dirsi, complicato a farsi. Soprattutto se in passato si sono vissute delusioni, che non avevamo messo in conto. Il bello dell'amore, è che, senza, si vive, ma si sente che manca qualcosa. Quell'emozione che per poco e per tanto, ci fa sentire veramente felici. E'un modo per provare quella gioia che tanto desideriamo.

L'amore più bello è quello autentico, vissuto da entrambi con la stessa intensità, con la voglia di rendere felice chi ha scelto te, solo te, tra gli altri. Scegliersi è davvero un'emozione, perché ci ricorda quanto siamo speciali agli occhi di qualcuno. Il grande amore rimane tale finchè la scelta è quella che ripetiamo ogni giorno, e non vogliamo cambiare. Bel pensiero, ma anche possibile realtà. Se abbiamo capito che tutto dipende dallo scegliersi giorno per giorno, abbiamo scoperto una chiave di longevità nell'amore.

La forza di tutto questo sta nel non avere paura a dirselo, tutti i giorni, con un abbraccio, un bacio, con dei gesti sinceri che testimoniano quello che proviamo. A partire dal fare l'amore spesso, senza aspettare momenti giusti, ma seguendo il calore del sentimento e il piacere della passione.

21. Perchè le donne scelgono uomini ricchi?

Con i soldi in tasca si è amati ovunque...sembra una provocazione, ma il denaro è sempre stato un requisito che apre molte porte, e anche la porta del cuore delle donne. Non lo si proclama, è inopportuno dirlo, ma il denaro è un ottimo afrodisiaco del cuore. Quando si vuole essere felici, una delle possibilità è quella è di potersi garantire una libertà d'agire per poter fare le cose che più ci danno soddisfazione. Nelle relazioni si distinguono due aspetti, il sentimento tout court, in cui il motore è dato dall'attrazione fisica e mentale, che determina l'innamoramento e la voglia di amarsi. Poi c'è un aspetto pratico, che è legato al quotidiano, alla vita che una coppia vive. Avere un compagno ricco garantisce la soddisfazione di questo bisogno materiale, permettendo uno stile di vita piacevole, secondo i propri desideri e gusti personali. Le preoccupazioni e i sacrifici diminuiscono, portando una prospettiva di vita ordinata verso il benessere.

*E cosa c'è di meglio se non questo per chi decide che è ora di dire basta alla dittatura dei sacrifici e delle rinunce?*Nella scelta del partner la donna sempre più valuta l'aspetto economico della persona con cui condividere la propria vita. Ormai negli Stati Uniti sono la regola i contratti prematrimoniali, e quindi stabilire con chiarezza chi ha cosa, la divisione dei beni di proprietà. Perché è risaputo che l'amore può anche affievolirsi, ma quello che non può venir meno è lo stile di vita, che deve rimanere ad un livello quanto più confortevole per la donna. Molti pensano che addirittura l'amore si possa comprare e per certi aspetti, succede così, specialmente dove i soldi sono tanti.

Giovani modelle che sposano ricchi imprenditori, o personaggi dello spettacolo, dello sport o milionari fortunati, sono lo specchio della moderna società, e anche il sogno di tante persone.

Nessuno è più disposto a fare una vita da povero. Tanto più le donne, il sesso debole, che in amore diventano il sesso forte. E riescono a determinare lo standard del partner che vogliono vicino. Perchè si assiste ad un fenomeno di consumo dei sentimenti, in cui quello che prevale è la voglia di star bene, nelle forme più varie. Difficile accettare di sacrificarsi, meglio cogliere le occasioni e vivere la vita quanto più nel segno del piacere e della spiensieratezza.

Per essere amati bisogna cosi garantire alle donne la possibilità di vivere una vita serena, senza preoccupazioni economiche, con molte esperienze nuove, viaggi, regali. Così chi può offrire questa prospettiva di vita, diventa appetibile e oggetto di attenzione. A qualunque età.

Se due cuori e una capanna può essere romantico nelle favole, un bel conto in banca e una bella casa, danno quella sicurezza che spinge molte donne a scegliere al di là di altre prerogative. Sposare un ricco è un'arte, il fascino dei soldi colpisce l'immaginario perché si lega ad un tenore di vita elevato e dalla possibilità di benessere, può togliere però qualcosa al fascino della persona che li possiede. Resta sempre il dilemma fino a che punto l'amore è autentico o un modo per elevarsi e godere del piacere dei soldi.

Denaro e amore...indubbiamente spesso si attraggono e attraggono i cuori.....inutile negarlo....

22. Sposare il migliore amico è la scelta giusta?

Sempre un mistero l'amore, o forse un mistero non c'è, è tutto scritto dal destino, come nel film *Serendipity*. Certo che, qualche giorno fa, camminando per il centro, mi capita di incontrare un'amica che non vedevo da molto tempo. Si parla della vita, e tra le confidenze mi dice che si è sposata. Dopo tante delusioni, e scelte più o meno consapevoli, ad un certo punto, mi dice, "...mi sono stufata e ho chiesto al mio migliore amico di sposarci". Interessante, penso tra me e me, e ascolto la sua storia, fatta di episodi belli, e soprattutto quello che mi colpisce è la sua felicità. "L'attenzione che ti dà chi ci tiene a te è qualcosa di indescrivibile", mi continua a sottolineare. "Questa è stata una scelta che ho fatto e rifarei mille volte", dice.

Un tema davvero interessante, *in una relazione seria e matura, quanto conta l'amicizia? Essere anche veri amici è davvero un fattore che lega le persone che si amano, e che decidono di essere coppia?* Indubbiamente non c'è una legge, una regola che disciplina a prescindere le relazioni. Proprio perché in ballo ci sono i sentimenti, e questi sono patrimonio personale di ognuno; è un po' presuntuoso definire un modo di essere che sia a modello a cui riferirsi. Nell'incontro con l'altro, ognuno è un po' libero di scegliere e rapportarsi secondo la propria sensibilità e gusto personale.

Incontrare la persona adatta a noi è anche un colpo di fortuna. E spesso succede dopo che si sono vissute storie con uomini in cui l'amore non è stato come lo sognavamo.

Che senso ha ripetere gli stessi copioni? A volte abbiamo vicino la persona giusta e non ce ne accorgiamo, perchè i nostri comportamenti sono manovrati dall'inconscio e da suggestioni di cui non capiamo la ragione ma che ci portano a fare determinate scelte.

Certo è che, chi trova un amico trova un tesoro, e su questo c'è poco da discutere. Penso che tutti abbiano provato sulla loro pelle quanto sia importante un amico soprattutto nei momenti di sofferenza, ma anche nel condividere le gioie che la vita riserva. L'attenzione sincera che porta al condividere momenti importanti in maniera gratuita è qualcosa di assolutamente bello. *Ma quanto conta questo in una coppia?* Si dice che il legame che nasce dopo un rapporto sessuale sia molto forte, per cui il sesso lega molto le persone, al di là di tanti discorsi. L'intensità dell'emozione e del piacere è tale che porta ad un coinvolgimento quasi immediato, soprattutto per la donna, che è più portata a valutare le dinamiche emozionali. Infiniti i casi di rapporti tra persone molto diverse, che si legano proprio per la presenza di una forte attrazione e condivisione sessuale. E' l'aspetto più biologico dell'amore, ma anche il vivere fisicamente con intensità un'attrazione.

Questo è l'altro aspetto dell'amore. Ma quando si vuole costruire una convivenza e poggiare i propri piedi in una casa costruita sulla roccia e non sulla sabbia, non si può prescindere dal valore che l'attenzione di un'amicizia condivisa può dare. Essere amanti e amici non è una condizione incompatibile, e permette di completare un rapporto in tutte le sue possibilità. Il fatto di tenerci a qualcuno che decide di condividere la vita con te, non è solo una risposta emotiva ad una chiamata del corpo. L'aspetto biologico è una situazione che si completa nel rapporto di cura tra due persone che si scelgono.

Il sentire le parole di questa amica, e il suo sguardo pieno di luce, mi ha fatto capire che bisogna dar valore a chi veramente vuole il tuo bene, e non solo a chi sollecita gli ormoni e ti spinge verso un percorso di passione che può avere anche esiti dolorosi dal punto di vista emotivo. Le persone vanno viste nella loro completezza, in tutti quegli aspetti veri della loro personalità, perché la vera natura di un rapporto che si vuole duri per sempre, è legata anche ad una forma d'amore che molti non categorizzano come amore, …l'amicizia.

Un vero amico/a sarà sempre pronto ad ascoltarti, magari già lo ha fatto per ore ed ore, di notte o nei *weekend*, c'è quando lo chiami e ti consiglia con sincerità. Se questo succede anche dopo il passo del diventare coppia, puoi pensare di aver fatto la scelta giusta. Dal telefono, si passerà alla consuetudine di vedersi tutti i giorni, e questo può essere una sensazione forte, appagante che dà spazio ad un legame profondo, come dovrebbe essere l'amore.

L'amore che nasce dall'amicizia lega due volte, come amici e come amanti. Per cui, se entrambe le condizioni rimangono con la stessa intensità, c'è spazio per un sostegno reciproco autentico, che è fondamentale per affrontare i problemi della vita quotidiana. Certamente su un vero amico puoi sempre contare, in qualsiasi occasione, e questo in certi momenti della vita è determinante. Essere incoraggiati nel giusto modo quando davvero serve, innesca dei meccanismi di resilienza che contribuiscono a riscoprire le proprie potenzialità.

Il matrimonio con il migliore amico, ma diciamolo anche la migliore amica, potrebbe essere un modo per conoscere meglio il proprio potenziale e il proprio carattere, visto che un amico/a è in grado di valorizzare quello che di bello c'è in te e farti capire quello che può essere migliorato.

Questo è il valore dell'amicizia autentica, che sposandosi con l'amore riesce a creare un mix potente di crescita personale. L'amore può finire, ma l'amicizia no, ci saranno tante situazioni di gioia e di dolore, difficoltà da superare, ma la consapevolezza che si ha accanto una persona che non smetterà mai di volerti bene, sarà il segreto per far durare per sempre una storia d'amore...forse...

23. Stare con qualcuno come rimedio d'amore.

Può succedere che in una relazione si arrivi ad un punto in cui non c'è chiarezza sulla volontà di amarsi, sia amare che voler essere amati.

C'è un sottile confine tra amore e stare con qualcuno come rimedio al bisogno d'amore. Quando si manifesta in modo palese, ovvero sentendo la mancanza della presenza di chi dice di amarti, in particolare nei momenti più delicati, si percepisce l'assenza, un vuoto mascherato di parole. Spesso è difficile rendersene conto, perché nelle relazioni, si costruiscono "gabbie mentali" di affetto, frutto dell'intera storia d'amore, che assorbono mente e cuore, e non permettono la lucida consapevolezza di vedere le cose così come sono nella loro esatta realtà. La misura di questo condizionamento è proporzionale al proprio grado di sensibilità emotiva, e quindi a quanto riusciamo a tenere in allenamento il cervello di fronte alla forza del cuore.

Nelle P.A.S., persone altamente sensibili, le emozioni vengono vissute in maniera più accentuata, sia quelle positive, che quelle negative. Il bisogno d'amore può essere sincero e autentico, e in questo caso è vissuto come espressione di un innamoramento condiviso. Non c'è bisogno di spiegarsi tanto, quando si è innamorati, tutto accade per magia, il rapporto si vive con naturalezza, senza determinare possibili ipocrisie affettive.

Il legame d'amore è fatto sia di passione, che di trasporto per il bene di chi si ama. Tutto è molto appagante, bello, sincero.

Ma il gioco dell'amore si rompe quando subentra il bisogno. E'difficile lasciare chi ti sta vicino quando ci si vive come coppia, ma coppia non si è.

Finchè credi in una persona e nelle sue capacità, l'amore resiste. Si tratta di coltivarlo, ma a farlo bisogna essere in due. E' stato Erich Fromm a dire che un "ti amo perché ho bisogno di te" è un modo immaturo di amare. Ma spesso rappresenta la realtà del quotidiano. Vivere è anche scontrarsi con i problemi della vita, che sono anche materiali.

"Ho bisogno di te, perché ti amo", si dice può essere un modo maturo di amare. In entrambi i casi la categoria del bisogno è qualcosa che contrasta con l'amore.

Quando si sta bene insieme perché si è innamorati, non c'è un pensiero legato al bisogno di qualcuno. Se siamo strutturati in modo completo e risolto, due persone hanno una personalità che trova valore dall'unione di coppia. Ma questo non li limita, anzi tutt'altro.

L'amore è forza quando viene vissuto insieme, quando diventa un patrimonio di coppia. Amando non si diventa deboli, lo si è quando si viene fraintesi, usati e presi in giro. Per questo è importante capirsi fin dall'inizio, quando si manifesta un sentimento. Non bisogna buttare al vento un pensiero per chi non ha voglia di dedicare a questo pensiero il valore che il sentimento d'amore comporta.

Se riconosciamo che essere amati è un valore, possiamo aprirci e stabilire una connessione emotiva, lasciando viva la nostra identità che si arricchisce proprio per l'energia che l'amore autentico porta nella vita delle persone.

Un punto fondamentale che molti non tengono in giusta considerazione è il fatto che l'amore inespresso ha come conseguenza la perdita di interesse. E' un momento che determina l'inversione tra mente e cuore. Non rivelandosi si preferisce dare ascolto alle proprie paure, e questo autolimita il proprio potenziale, dando la possibilità al cuore di cercare altre strade. Come dire, se non hai il coraggio di esprimerti, poco conta che io ti faccia provare emozioni.

Bisogna capire che nel mondo del sentimento, è importante essere consapevoli che viene percepito ogni aspetto del nostro modo di essere, e quando traspare che non siamo autentici, difficilmente l'amore ha vita lunga. Perché puoi ingannare un cuore pieno d'amore all'inizio, ma quando il cuore è stanco di soffrire, non c'è più niente da fare. L'amore è finito, per sempre.

24. Quando si è sofferto per amore, non bisogna più far soffrire.

Il rischio della proiezione inconscia del Sè ferito da una relazione di coppia che si è deteriorata fino a chiudersi per motivi spesso non dipendenti dalla propria volontà, che comunque portano a subire la sofferenza di un amore concluso, rappresenta una problematica molto diffusa nelle dinamiche di comportamento, e spesso non pienamente compresa.

L'amore di coppia quando finisce e questa chiusura è subita, al di là delle motivazioni che ci si autoimpongono per metabolizzarla, ha dei riflessi decisamente molto persistenti sulla capacità futura di vivere nuove relazioni d'amore in modo pieno e gratificante.

Nell'amore ferito, si realizza un venir meno della fiducia verso il partner, su cui si era investita tutta la propria sfera emotiva, e il proprio desiderio di amore. L'amore tradito, poi, è una lacerazione dell'animo, che, in personalità particolarmente sensibili raggiunge dei livelli di dolore molto elevati, incidendo direttamente anche sull'aspetto della salute fisica e mentale. In quanto di fronte ad un dolore non cercato, il corpo è veloce nel somatizzare il disagio, in forme patologiche diversificate.

In queste situazioni, importante è lo stop emotivo, cioè autoimporsi un momento di riflessione e analisi del proprio stato d'essere. Perché il digiuno emotivo consapevole è una forma di decantazione della sofferenza non ancora superata. Ci vuole in ogni caso tempo, per lasciare che il patrimonio neuronale riesca a sedimentare gli accadimenti. Infatti, la proliferazione di pensieri negativi sollecitati dal dolore, innescano una "ruminazione di pensiero" che tende solo a complicare l'accettazione dei fatti.

Risolvere emotivamente un dolore causato da comportamenti del partner subiti in maniera non preventivata, è un passo decisivo per la salute delle prossime relazioni d'amore. Infatti, il rischio più grande è quello legato all'inconscio di cui non si ha consapevolezza. L'inconscio agisce e riemerge al manifestarsi di particolari segnali, o chiavi emotive scatenanti un sistema di comportamento.

Mi riferisco al rischio di utilizzare una nuova conoscenza, per proiettare il proprio disagio emotivo, causando nell'altro inconsapevole, una sofferenza come compensazione del proprio dolore. Il dolore subito trova ascolto e definizione in un riflesso rappresentato dal vedere un altro soffrire in modalità simili alla propria. La proiezione del proprio Sè ferito è un meccanismo di difesa inconscio, che tende a risolvere un proprio stato irrisolto, a scapito di un equilibrio emotivo presente in un'altra persona. *Cosa significa questo?*

Quando decidiamo di ricominciare una vita affettiva e sessuale, dobbiamo avere una serena consapevolezza di aver superato il trauma di una lacerazione di una separazione, o di un distacco. Ed avere la responsabilità di frenare un eventuale afflato d'amore immediato, qualora lo si veda solo come un proprio bisogno e cura di un amore precedente che ci ha fatto star male.

Nella donna una simile condizione si realizza spesso quando si viene "scartate" dal narcisista patologico, un tipo di personalità che ha molto fascino, in quanto presenta delle caratteristiche originali e seduttive. Si tratta di personalità che si alimentano delle emozioni nelle donne, per gratificare il proprio ego autoritario. La strategia è quella di garantire una fase di accoglienza emotiva molto partecipata, un *love bombing* estremamente piacevole per le donne. Essere oggetto di attenzione è molto gratificante per chiunque riceva queste attenzioni. Se poi scatta l'innamoramento e l'unione fisica si concretizza, prende corpo la dinamica vittima-carnefice per cui, esiste sempre chi inconsapevolmente è pronto a dare, senza domandarsi molto, in quanto spinto dallo stato di innamoramento. E chi invece è più propenso a ricevere, proprio in virtù di un suo schema, che più che ad alimentare una vita di coppia e a prendersi cura dell'altro, è focalizzato, e di questo spesso non ne è consapevole, ad alimentare l'energia del proprio ego narcisista.

In questo scambio ineguale, il rapporto arriva ad un punto in cui si assiste ad uno svuotamento della propria riserva d'amore, e di contro non si realizza un aiuto d'amore, proprio perché è un amore verso di Sè, e quindi utilizza l'altro come forma di amore verso sè stessi.

I "Ti amo" più dolorosi, sono quelli che hanno il significato di voler affermare che attraverso te riesco ad amare meglio me.

Dopo aver vissuto simili esperienze, non è facile riproporre consciamente subito un amore autentico verso qualcuno. C'è sempre la ferita, che vuole rimarginarsi. E la medicina è il riflesso condizionato sull'altro che rappresenta il momento di compensazione emotiva e quindi di riequilibrio.

Come si può ben capire, questo innesca un effetto domino, che tende a contagiare un'altra persona, magari sincera e autentica che si vede usata per risolvere un problema d'amore non suo, e non amata come invece pensava e desiderava.

Quindi il messaggio è quello di prestare attenzione quando si inizia una relazione seria con una persona che non abbia ben chiaro lo stato del suo equilibrio emotivo. L'atteggiamento più intelligente è quello di lasciare spazio alla conoscenza reciproca attraverso il dialogo. Solo con un approccio fin dall'inizio autentico in cui si ha una condivisione della propria storia precedente, dei dolori e delle emozioni vissute fino ad ora, si può rendersi conto della presenza o meno di un ancoraggio a qualche malessere.
Proiettare sull'altro la propria insoddisfazione, è un modo per creare situazioni di ulteriore sofferenza e dare spazio a qualcosa che è tutt'altro, ma non amore vero.

25. Le donne credono di sapere tutto degli uomini....

"La presunzione ci fa credere di essere quel che vorremmo essere." (Roberto Gervaso)

Perché incontro sempre uomini sbagliati? Tipica frase che le donne ripetono spesso, e a cui danno le più svariate risposte. E che dire, non è cosi semplice incontrarsi, amarsi e viversi. C'è un aspetto che filtra la nostra percezione delle cose e delle persone, il meccanismo psicologico della proiezione. Ancora questo benedetto inconscio, si dirà, che avrà di tanto importante che ce lo ritroviamo in tutte le salse, quando dobbiamo affrontare scelte e decisioni, soprattutto nelle relazioni di coppia.

C'è chi ammette di non aver smesso di cercare l'uomo giusto, forse perché in amore cercare non vuole dire trovare, a differenza di altri ambiti della vita. O forse perché non ne sentono il bisogno, sicuramente sono scese dalla nuvoletta e si trovano sulla terra ad affrontare quotidianamente la vita con tutte le sue preoccupazioni e le sue difficoltà.

L'intelligenza emotiva delle donne è più accentuata, per motivi genetici, e quindi percepire e decodificare emozione costituisce una "competenza" distribuita meglio nell'universo femminile.

Se una donna ti dice, "Allora fa quello che ti pare", in sostanza vuole dirti che non gli interessa più il tuo modo di essere. Ha percepito che qualcosa non va e non può andare e te lo dice in un linguaggio che rappresenta un codice emotivo che lei ha, ma che tu non è detto riesca a capire.

Non si può pretendere la perfezione, perché essere perfetti non è cosa di questo mondo, e perfezione va in combinato disposto con presunzione. Ci sarà sempre qualcuno meglio di te, e pertanto quello che può essere sensato e capire la vita è un percorso di crescita a tutti i livelli e mettersi nella condizione di imparare rappresenta un modo di essere molto efficace e intelligente.

Ma nessuno sarà mai perfetto. Questo non giustifica la generale sfiducia nei rapporti di coppia, semplicemente perché di uomini pronti a guardarvi come se non ci fossero altre donne al mondo ce n'è sempre uno più vicino di quanto pensiate. Questi uomini, a differenza dell'uomo giusto, esistono eccome, e sono quelli veramente innamorati. Lui mi ha chiesto il numero di telefono e io gliel'ho dato, ma forse troppo presto o forse troppo tardi, forse sono stata troppo aggressiva e gli ho messo paura o forse sono stata troppo restia, avrà capito che non sono interessata e quindi non mi chiama… e adesso cosa faccio? Se lo chiamo sembro sfacciata; allora aspetto. E se non chiama? Perché non chiama? Oddio, panico! Non farà mai parte della mente di un maschio. O vi chiama o non vi chiama. Punto.

La semplicità degli uomini si riflette soprattutto sul fronte della comunicazione. Le donne comunicano molto bene sul piano verbale e non verbale e hanno una intelligenza emotiva enormemente più sviluppata di quella del maschio.

L'uomo invece ha una capacità di decodificare i gesti, le espressioni del viso, i toni della voce estremamente più limitata. Comprende molto meglio le parole di quanto non comprenda i gesti o le espressioni del volto ed è decisamente più interessato al messaggio in sé che al modo di veicolarlo.

Il modo di essere delle donne le porta a proiettare nella figura maschile una serie di aspettative che desiderano siano presenti in un rapporto.

Tendenzialmente tre sono le possibilità quando una donna incrocia un uomo:

- l'attrazione fisica e la dinamica biologica, per cui quell'uomo soddisfa un desiderio di riproduzione in quanto rappresenta un canone di presenza tale che sollecita quel tipo di istinti;

- l'attrazione legata alla posizione sociale, per cui un uomo viene visto come adatto ad una relazione, perché inserito in un sistema di relazioni e di lavoro tale, che è in grado di garantire una vita piena ed affidabile nel senso delle aspettative sia economiche che di posizionamento sociale;

- l'aspetto legato alla capacità di ascoltare e farsi carico delle preoccupazioni e dei dubbi che la donna può avere. In questo caso il tipo il rischio per l'uomo è di essere oggetto immediato di *friendzone,* e quindi trovarsi nel ruolo di fratello, amico, psicologo, compagno di pomeriggi, e punto di riferimento nei momenti di crisi.

Questa terza situazione è la più favorevole per la donna, che trova sollievo per i suoi momenti di crisi, e la più sfavorevole per l'uomo che potrà tranquillamente abbandonare qualsiasi aspirazione di coppia o di storia d'amore. Non è una regola, ma un fatto spesso avvenuto.

A questo punto, si tratta di essere consapevoli del ruolo che si vuole acquisire, per cui non c'è alibi, se le cose vanno come non ci si aspetta, non si dare la colpa ad altri o al destino. E' per questo che molto spesso gli uomini più astuti, dissimulano comportamenti che rivestono non con autenticità, e portano le donne a decisioni che non hanno ponderato nella loro globalità. Non è facile capire cosa vogliono le donne, ma nemmeno capire come sono fatti gli uomini...

26. L'alchimia di un amore...

L'alchimia di un amore non è prevedibile dal comune senso del pensare. Quando ci si sente cambiati perché la vita di relazione ti cambia, si può accettarlo, ed essere partecipi di questo cambiamento, oppure avere dei dubbi, dei presentimenti, che possono ritardare l'accettazione di un amore.

Qui sta il concetto di alchimia, quando tra due persone esiste affinità, riferita al tipo di attrazione fisica ed intellettiva, l'intesa della relazione sfida le imprevedibili situazioni che il tempo propone, proprio perché le radici relazionali della coppia sono bene salde nel cuore degli innamorati.

In quest'essenza, che va oltre il proprio modo di concepire la vita, perché molto spesso, anzi quasi sempre, è qualcosa di inspiegabile, si alimenta la magia dell'amore, rendendo il rapporto forte e vero.

L'alchimia va oltre ogni spiegazione, oltre il sentimento, oltre la passione, oltre la ragione, oltre la decisione…Perché è magia allo stato puro, e si manifesta senza preavviso. Quando scatta ti coinvolge e ti trascina perché ha un potere di condivisione davvero molto accentuato.

Tendenzialmente l'alchimia che lega due persone, nasce subito, è un effetto immediato di un incontro, una voce, un profumo, un gesto, un'emozione. Questo si realizza in un modo inspiegabile, e prende anche il paradigma fisico, nel senso che le emozioni si provano direttamente a fior di pelle, lasciano traccia, cambiano il corso della giornata. La ragione ha ben poco da dire in questi meccanismi, se non associare il cambiamento a reazioni chimiche.

La spontaneità e la genuinità dei gesti è uno dei tratti più ricorrenti in questi incontri, che possiamo anche definire di anime, e c'è molto di inspiegabile. Quando delle cose che ci avvengono non troviamo una spiegazione immediata, emerge il nesso con l'inconscio, un patrimonio che tutti abbiamo e non conosciamo. La chimica, che lo vogliamo o no, che lo accettiamo o meno, in amore esiste. Ed è il primo fattore che si manifesta quando due persone si incontrano, e cominciano a relazionarsi tra loro.

L'attrazione e quindi l'innamoramento sono un effetto di chimica primordiale. Pertanto, è giusto esserne consapevoli, e non attribuirsi colpe se, in presenza di altri comportamenti, non ci si trova a vivere una storia d'amore con la passione che si desidera.

Certamente assecondare l'attrazione che deriva dall'alchimia indiscussa di un incontro non è l'unico modo per iniziare un rapporto. Infatti, la questione si sviluppa sempre secondo diverse prospettive. Infatti, nell'innamoramento forse non ci sono possibilità alternative, se non si viene coinvolti da un *flash* emotivo, da una scarica di attrazione chimica immediata o quasi, difficile parlare di colpo di fulmine. Se nella dinamica di un incontro e quindi di un rivedersi per poi conoscersi e darsi una prospettiva di coppia, non si valutano anche altri aspetti che definiscono la personalità e la capacità di vivere una coppia, il risultato anche di un legame solamente chimico, può deludere.

La chimica dell'amore si determina da ormoni che agiscono sul desiderio e nell'attrazione. I ferormoni non solo regolano la nostra propensione verso l'altro, ma sono anche uno strumento che la Natura ha predisposto per accoppiare le persone e favorirne lo sviluppo del desiderio di riproduzione.

Abbiamo capito che l'amore coinvolge tutti i sensi: quando ci innamoriamo, ogni cosa e sensazione, la passione, l'attrazione, le emozioni e la mente sono alleate per farci perdere la testa.

Il senso del bello diviene emozione prevalente, così desideriamo vivere ogni momento in modo sublime, pensare ai problemi del mondo, perché nel nostro mondo i problemi diventano soluzioni.

La chimica che si crea dall'incontro di due persone non la puoi prevedere o definire, se non c'è non puoi farci niente, e se c'è non puoi lasciarla perdere. Siamo di fronte ad una situazione imprevista, perché è un modo di essere che comprende tutto: dalla sfera sessuale alla comprensione immediata dei sentimenti dell'altra persona, in totale appagamento dell'essere coppia.

27. Il cambiamento e la vita di coppia: cosa succede?

Se innamorarsi è il momento più magico di una storia d'amore, il vivere insieme per molto tempo, rappresenta una sfida che trova tanti problemi e sfumature. Non sempre facile è vivere insieme, soprattutto quando sopraggiungono dei cambiamenti.

Nel percorso di vita di coppia, una delle situazioni che portano a difficoltà di relazione e riconoscersi insieme nell'intensità del legame, è il cambiamento. Le persone unite da profondi sentimenti, anche se sono convinte della loro scelta d'amore, devono comunque fare i conti con il tempo, che, passando, ha inevitabilmente degli effetti sulla condizione delle persone. Cambiamenti fisici, nell'aspetto, determinati dal patrimonio biologico; cambiamenti nel carattere, che, in genere sono effetto di esperienze, cambiamenti mentali, di convinzioni, credenze, modi di pensare. Cambiamenti dovuti alla condizione economica, al lavoro, allo stare in un contesto sociale. Tutto è in divenire e quindi risponde alla logica del mutare.

All'inizio dello stare insieme, folgorati dall'innamoramento per la persona che ci sta accanto, tendiamo a non riconoscere o sottovalutare determinati caratteri del comportamento. Le sfumature sembrano non riguardarci e così viviamo nel paradisiaco mondo dell'amore perfetto vissuto in simbiosi l'uno per l'altro.

La perfezione però è per gli dei, ed anche in amore convincersi di avere accanto la persona perfetta può essere un alibi, che può presentare delle criticità quando meno ce lo aspettiamo. Non perché sia una regola, ma soprattutto perché nel percorso di vita succedono situazioni impreviste.

Il tempo è un fattore che tende a cambiare lo stato delle cose e delle persone. Quello che spesso ci sfugge, è quale può essere l'atteggiamento giusto da seguire. Cambiare gli altri è un'impresa titanica. Difficile, se non impossibile. Però possiamo tentare di cambiare noi stessi. E questa è una prospettiva più concreta.

Quando ci accorgiamo che nella quotidianità manca quel sostegno, quell'ascolto, che dovrebbe essere presupposto reciproco della vita di una coppia, ci possiamo fare un'infinità di domande. E la più ricorrente è forse: mi ama più come prima?

Abituati a quell'accoglimento regolare e genuino, tipico dell'amore da innamorati persi, anche una piccola variazione nei modi del carattere, peraltro possibile nel clima stressante delle giornate di lavoro, viene interpretata come un venir meno di quell'affetto reciproco che alimenta il fuoco di una relazione. E la donna è molto sensibile a questi cambiamenti, che percepisce in maniera quasi istantanea e creano pensieri di ogni tipo.

In questi casi forse diventa opportuno passare ad un confronto e, chiedersi che tipo di attrazione c'è verso il nostro partner, alla luce di un vuoto emotivo, che se anche non esagerato, è comunque un segnale di disattenzione che può diventare pericoloso per la vita insieme. Attraverso un dialogo sincero, può subentrare quel chiarimento necessario che può dare le giuste risposte ai dubbi manifestatisi. D'altra parte, queste situazioni non possono durare troppo a lungo. Se un tipo di rapporto appagante, muta, e non si vede un perché chiaro, allora è importante individuare l'eventuale causa e affrontare la situazione prima che sia troppo tardi.

I segnali che vengono trasmessi, anche inconsciamente, si manifestano in forme di ansia. Il comportamento ansioso è l'anticamera di un disagio più radicato. Spegnere subito i fuochi del dubbio, è dunque la soluzione a cui tendere. Questo si può raggiungere nel manifestare la propria insoddisfazione in maniera diretta in forme chiare, con rispetto e sincerità.

La voglia di venirsi incontro poi segna il termometro dello stato della relazione, e quindi si possono chiarire le paure, come frutto di un equivoco, o se sono la punta di un iceberg di una situazione più complicata.

Un altro modo per superare una situazione affettiva di questo tipo, che ci crea insoddisfazione, è quella di agire sulla propria autostima.

Coltivare il proprio valore è il primo momento di crescita personale, per diventare persone più autorevoli ed avere la fiducia degli altri. In un amore maturo, anche il partner è felice di condividere la propria vita con una persona convinta delle proprie capacità, che sono poi una risorsa per la vita insieme.

Nelle dinamiche di coppia, può succedere di perdere il senso del grande valore della persona che abbiamo scelto come compagna di vita. Può essere un fatto quasi fisiologico, visto che la vicinanza quotidiana, l'interazione, ci propongono tutto quasi come scontato. Se c'è stato un momento in cui abbiamo scelto quella persona e non altre, è perché abbiamo provato emozioni particolari, e individuato in quella relazione qualcosa di magico e costruttivo che avrebbe dato felicità alla nostra vita. Il tempo, si sa, può affievolire la percezione delle cose. Si può perdere l'abitudine a ringraziare e a far sentire la presenza come importante, dando il giusto valore al partner.

Questo atteggiamento è fondamentale, perché il saper riconoscere quanto sia essenziale una persona nella nostra vita, dà un segno forte dell'amore che proviamo. E lo manifesta. Anche se le forme possono essere non convenzionali, importante è che siano percepite come segno sincero di un amore che si prova in maniera reale, non forzata o, peggio, mistificata. Pertanto, testimoniare il proprio coinvolgimento emozionale al partner e quindi il malessere quando qualcosa non funziona come dovrebbe, costituisce un segno di maturità affettiva di grande pregio.

Quando un uomo si accorge che la sua compagna sta passando un momento di difficoltà, dovrebbe quantomeno capire se questo è causato da un suo comportamento, o da una sua presenza non percepita.

Non è facile capire le donne, forse è meglio amarle e dimostrare il proprio sentimento frequentemente.

Il cambiamento dello stare insieme, non può essere un cambiamento del proprio sentimento d'amore. Purtroppo ogni forma di cambiamento, che non sia sostenuta da una corrispondente attenzione verso la persona che ti sta accanto, può avere delle interpretazioni. Il rispetto e l'ascolto sono comportamenti molto importanti in una relazione e quindi in momenti di cambiamento bisogna utilizzarli al meglio. Quando una donna sente di non essere la priorità per il proprio partner, allora innesca un pensiero di smarrimento d'amore.

Un altro possibile rischio del cambiamento è quello di innescare un passaggio dall'amore all'affetto. Per cui quella magia dello stare insieme si può trasformare in affetto per la vicinanza, senza innescare quella voglia di legame, di desiderio, di sensualità. Nel rapporto di coppia c'è un legame di esclusività che coinvolge il partner, e quindi non è spesso accettato di venir meno a questa priorità. La disponibilità verso l'altro è fatta di confidenze, partecipazione emotiva, voglia di condividere, testimonianza d'affetto, aiuto reciproco.

In definitiva, quando la relazione è in una fase di ripensamento, possiamo sentire la necessità di farci questa domanda: "l'amore può essere un motivo sufficiente per sconvolgere la vita? Penso proprio di SI!"

28. Il folle desiderio di amare chi non ci ama...

Il paradosso di chi si incammina nella difficile impresa di voler amare chi non ricambia il sentimento, e lo dichiara esplicitamente, è quello che spesso innesca meccanismi di attrazione tali da portare a conseguenze dolorose che lasciano il segno nella propria storia di vita e di relazione.

Voler amare chi non ci ama, è come navigare con una barca a vela senza le vele, come aspettarsi che nevichi in estate, voler aspettare un tram alla stazione dei treni, o che un gatto abbai. Insomma, siamo di fronte a qualcosa di oggettivamente poco probabile, se non impossibile, non razionale, che causa molta sofferenza e fa perdere molto tempo. In una parola molto usata in amore, è una follia lucida, e in amore si sa, le follie sono spesso molto presenti.

I meccanismi del cuore, e le ragioni della mente, determinano anche questo tipo di comportamenti, quasi sempre inconsapevoli, per cui anche senza amore, sapendo di non essere oggetto di questo sentimento, si vuole assolutamente amare chi non ci ama, e poi risulta molto complicato sciogliere la matassa di un desiderio, frutto di una convinzione un po' surreale, che ci porta a volere l'impossibile.
In questo rebus sentimentale, forse, c'è anche la voglia di sfida verso un destino che ci sembra privare di un amore che stiamo vivendo come grande e con forte partecipazione.

Forse c'è anche un discorso di orgoglio, per cui il rifiuto o l'indifferenza tendono inevitabilmente a scardinare la nostra autostima. La risposta al rifiuto ci può venir immediata e tende ad essere frutto di un meccanismo automatico, più che consapevole.

L'emozione che si vive quando un sentimento non viene ricambiato come ci sembrerebbe giusto e normale che sia, in presenza di un mare di sentimento donato con tanta passione, specialmente quando questo momento è vissuto da una donna, è quella di sentirsi inadeguati, umiliati e il mondo sembra crollare sotto i nostri piedi.

Inoltre, si può aggiungere una conseguenza diretta sullo stato fisico, il rifiuto o meglio, diciamo, il non accoglimento di un interesse amoroso manifestatamente dichiarato, può essere vissuto anche in termini patologici, somatizzato, e creare disturbi psicosomatici.

Il dolore è anche dolore fisico, non solo psicologico o distribuito nell'ambito dell'umore.

Perché allora può capitare così spesso di desiderare di amare qualcuno di irraggiungibile?

Il rifiuto, in sè per sé, porta ad una dipendenza affettiva che si spiega come risposta dell'Io deluso, o addirittura malato, come reazione ad un comportamento che non accetta come vero. In primo luogo, perché è vissuto a livello inconscio come una sconfitta e una perdita di autostima, e poi perché, l'Io sviluppa una reazione di rivalsa e di ricostruzione, prendendo a diretto riferimento l'oggetto d'amore non corrisposto.

La forma di attaccamento che si può creare così, ha radici nel profondo desiderio di superare una difficoltà di accettazione nei confronti dell'altro che non accoglie il nostro sentimento per noi vissuto in forma autentica e sincera. E' difficile ammettere che il nostro sentimento è stato riposto in un cuore chiuso nei nostri confronti, e la consapevolezza di aver sprecato un sentimento può essere la causa di un malessere profondo proprio perché ci colpisce nel nostro intimo. E questo fa soffrire. Ma non in eterno.

D'altra parte, ce lo ricorda Freud "Chi ama soffre, ma chi non ama si ammala", e, questo può avere un senso nella misura la pena d'amore viene considerata nella sua autenticità. Infatti, anche rifiutare un amore autentico e sincero è un rischio per chi lo manifesta. Un rischio karmico, per chi ci crede, visto che nel girotondo delle emozioni c'è spazio per passare da carnefice a vittima del sentimento.

C'è molto anche di narcisistico nel rifiuto d'amore, visto che la pena dell'altro non trova pace nella distanza emotiva dimostrata dall'amato.

La mancanza che genera il rifiuto o l'indifferenza, mettono il cuore nella condizione di solitudine affettiva che va superata.

E come si fa? Dimenticando, anche se tra il volerlo e il riuscirci ci passano tante cose, tante situazioni, tante emozioni. Innamorarsi è allo stesso tempo splendido e contemporaneamente fonte di preoccupazione, un turbinio di emozioni che danno spazio all'ansia verso chi si ama e verso il tempo presente e futuro. Un tempo sognato da vivere insieme, ma anche un tempo incerto colorito di dubbi, gelosie, fraintendimenti.

Il folle desiderio di amare chi non ci ama è il prodotto della propria fantasia d'amore, dove arde la voglia di donare tutto il proprio amore, ma non si è attenti alla direzione emotiva. Uno spazio indefinibile dove le regole forse non ci sono, oppure possono essere costruite da una nostra direzione di vita, da un nostro progetto, o meglio da una visione della vita vissuta da due cuori che si riconoscono nella loro autenticità.

L'indifferenza a cogliere un sentimento può essere dovuta anche a mancanze che derivano da una storia di vita particolare, in cui la figura della madre o del padre, a secondo dei sessi, può essere stata carente, e vissuta come distante e imprecisa nel ruolo, incapace di donare amore in maniera manifesta e riconosciuta. Questo tipo di legame primordiale determina un costrutto emotivo poco disponibile al lasciarsi andare, forse perché non c'è una capacità vera di riconoscersi come adatto a ricevere amore.

D'altra parte, questa fragilità intrinseca, connaturata alla propria natura, rappresenta anche una spia di vulnerabilità che nel tempo diventa la tenda di un egocentrismo nascosto che blocca il fluire del sentimento. L'amore che non si dimostra non esiste ed è per questo, che dietro l'indifferenza si costruisce un vuoto di emozione, che è la spia di un disagio, di cui non ci si rende conto totalmente.

Quando non c'è corrispondenza nel volere accettare un'attenzione che va oltre una normale confidenza, c'è anche il rischio di aver un blocco emotivo inconscio. Le possibilità sono tante, dal desiderio radicato di non voler soffrire, alla mancanza di bisogno d'amore, e quindi dell'altro.

Come diceva Friedrich Nietzsche, "c'è sempre una certa follia nell'amore. Ma c'è anche sempre qualche ragione nella follia", e quindi un comportamento che con gli occhi della normalità non riusciamo a comprendere, può avere un significato che nemmeno chi lo mette in essere conosce.

E' doloroso non avere un uomo da amare, ma ancor più doloroso è amare chi non ti ama. Il mistero dell'amore rimane tale, e quindi anche il voler amare chi non ti ama, rimane, anche se con le tante possibili spiegazioni, un dilemma che riempie la penna degli scrittori e

la testa degli psicologi.

29. L'amore al tempo del coronavirus....

In situazioni di incertezza, che sono dovute a pericoli per la salute pubblica, anche l'amore ha i suoi momenti di crisi. In particolare per chi l'amore lo cerca o lo aspetta, o per chi lo vive in coppia, il fatto è che l'amore si ridefinisce e acquista nuove modalità di espressione o inespressioni.

C'è innanzitutto una questione legata al contesto, che è mutato improvvisamente, senza preavviso e senza dare dei segnali sui tempi di chiusura. Un clima di panico e psicosi rende prudenti verso ogni tipo di iniziative e diffidenti nei confronti dell'altro. Infatti la paura del contagio costituisce un deterrente naturale per non muoversi e incontrare gente. Si crea un blocco oggettivo dato dalla paura che nuove persone possano trasmettere il virus o comunque essere un fattore di rischio per il proprio spazio vitale. Per questo c'è un blocco, che però non riesce a diventare lo standard comportamentale, a pena di un isolamento emozionale che deprime e mistifica il proprio potenziale di bisogno affettivo.

L'amore al tempo del coronavirus è qualcosa di nuovo. In tempi di crisi il fatto positivo è forse che di solito, acquistano cittadinanza anche nei cuori più egoisti e narcisisti i valori dimenticati, espressi nei sentimenti di aiuto e solidarietà. L'umano che c'è in noi chiede spazio, perché ci si riconosce uguali nel comun denominatore di cittadini in viaggio in un mondo che ci siamo ritrovati a dover occupare e custodire anche per le generazioni future.

L'amore al tempo del corona virus può essere vissuto anche nella sua versione cinica che può far crescere l'egoistico spirito di sopravvivenza. Proprio quando si tende a mettere davanti a tutto l'aspetto immediato, animale, di lotta per evitare ulteriori problemi e disagi dovuti all'incontro con l'altro, di cui non si conosce la storia e la situazione.

La paura è il motore che in questi casi spinge a comportamenti anche irrazionali, che determinano un nuovo modo di vivere. C'è l'ostilità verso chi non rispetta un principio comune di regole che la comunità si è data per combattere i pericoli del contagio.

Emerge il rifiuto di una realtà subita e di un modo di vivere imposto da errori che hanno commessi altri, di solito estranei al nostro tranquillo mondo di quotidiano benessere. E di cui non capiamo le ragioni, che sono sovranazionali, e che coinvolgono interessi al di là di una nostra comprensione.

Il recupero dell'intimità che da fisica diventa emozionale, il gusto di condividere situazioni momenti, paure anche con una semplice telefonata a chi magari non ci ricordavamo più di sentire da molto tempo, rappresenta un superamento dell'isolamento. La forza della condivisione voluta e accettata come esempio di umanità, è un riconoscersi amati anche se in una diversa espressione, magari forse dovuta al bisogno, ma sicuramente momento di pensiero e riflessione. E' cosi che forse ritroviamo la nostra più intima forma d'essere.

C'è chi l'amore lo sublima in un fenomeno già diffuso, ma in contesti di isolamenti prolungati, vissuto in maniera più ossessiva, nei social e nelle piattaforme di *pornhub*. E' comunque un fattore di resilienza, per molti associato ad una solitudine non solo fisica ma anche sentimentale.

Un altro fattore che si sta diffondendo in questo tempo di coronavirus è l'attenzione spasmodica per l'igiene sia personale che degli ambienti.

La prima espressione dell'amore, il bacio, diventa scelta da evitare, e quindi prende forma di un riparo velato della mascherina, non si sa mai, il contagio è qualcosa di imponderabile. Chi si ama però trova difficile vivere senza baci...

L'oggetto più prezioso per il rituale della vita quotidiana fuori casa non è piu solo la sola bottiglietta d'acqua per l'idratazione, ma sono le confezione di detergenti, i fazzoletti di carta, i guanti e le mascherine, sempre piu oggetto d'uso quotidiano indispensabile. Un simbolo della vita ai tempi del coronavirus...

Niente e nessuno si può toccare, senza prima essersi lavati le mani, la distanza diventa presenza da accettare.

In coppia il contatto è diretto, cercato, indispensabile. Come si può vedersi e non toccarsi, abbracciarsi, baciarsi. E l'espressione amorosa è ora filtrata dall'amuchina, e dalla mascherina, che placa l'ansia da contagio.

Niente è più come prima, neanche l'amore al tempo del corona virus, e anche il futuro è tutto da scoprire nell'universo delle relazioni. Restare lontani, ma vicini, occorre farlo, ma senza i baci, che possono diventare un modo per contagiarsi, e la raccomandazione è quella di evitarli. Come si fa però a non baciare chi si ama?

Tutto questo porta a ridurre la nostra socialità. Diminuire le uscite, rinchiudersi in casa, che comunque per chi vive con soddisfazione la propria relazione di coppia può essere uno stimolo a volersi di più e scoprire maggiormente il sesso come momento non solo di passione, ma anche di condivisione ed unione più cercata, perché combatte la situazione esterna di crisi.

Per chi è creativo, non c'è la noia. Si può sfruttare il momento di vicinanza, dovuta alle misure restrittive, per avvicinarsi maggiormente e vivere la coppia in tutte le sue potenzialità. Un riscoprirsi innamorati e dimostrarlo in piena consapevolezza.

Ci vuole il coraggio di amare, e l'amore si dimostra con il coraggio.

L'elemento psicologico è molto pregnante. Spesso la psicosi subentra e supera ogni normale forma di comprensione.

Tutto questo infastidisce, perché non cercato, non voluto, ma subito dalle circostanze avverse della contemporaneità. E ci fa capire che ogni attimo è prezioso, e il perdere le occasioni può essere fonte di rimpianto diventando oggetto di ricordo.

Si possono cercare dei colpevoli, che sicuramente ci saranno, e forse da trovare nello spazio della politica e dell'economia.

La paura di ammalarsi diventa una forma di psicosi che rallenta il nostro modo di vivere e il distanziamento sociale provoca il distanziamento dell'amore....il momento più bello per chi l'ha provato...

30. Quando l'amore nasce in vacanza…

Il tempo delle vacanze è molto propizio per innamorarsi, e capita cosi che, se succede, viene spontaneo domandarsi che tipo di amore possa essere quello nato quando siamo in un momento di relax e di bel vivere, dove la voglia di star bene e di godersi la vita è impostata alla massima potenza?

Se come disse Robert Orben"Essere in vacanza è non avere niente da fare e avere tutto il giorno per farlo", indubbiamente l'essere in vacanza predispone a fare tutto ciò che ci rende felici e quindi anche all'amore.

Il punto è, *in questo amore così spensierato, possiamo veramente incontrare la persona dei nostri sogni?*

In vacanza, lo dicono le statistiche, è più facile innamorarsi, e questo è dovuto ad una serie di fattori. *Perché ci si innamora in vacanza?*

Le giornate lunghe, il sole, non ci sono preoccupazioni, la voglia di godersi la vita, la facilità d' incontro, la salute migliore, sono solo alcuni presupposti che spingono le persone a conoscersi, e frequentandosi è facile piacersi, coinvolgersi e innamorarsi.

Le statistiche dicono che la tendenza di queste passioni, è tendenzialmente, quella di avere un inizio e una fine confinate all'interno di un tempo, che è quello del periodo di lontananza da casa. A meno che il tutto non si trasformi in un rapporto a distanza, o ancor di più, che si decida di mettersi insieme e cambiare la propria vita per seguire l'altro, ovunque sia.

Come aspetto opposto, il periodo delle ferie può essere anche portatore di gravi crisi di coppia, tanto che molti arrivano alla decisione di separarsi al ritorno dalle vacanze. L'autunno diventa così tempo di bilanci, soprattutto per quelle coppie che non sono abituate per lunghi periodi a trascorrere insieme tutta la giornata e a rivolgere l'attenzione non solo al lavoro, ma esclusivamente al partner.

La caratteristica delle ferie nel periodo estivo è di avere un forte desiderio di evadere dalla quotidianità e stare nel clima spensierato della vacanza, per ritrovare la giusta energia vitale. I problemi o le scelte si tendono a spostare a dopo, per staccare la spina e godersi al meglio il presente. In questo clima mentale è facile essere predisposti ad incontri e condividere momenti di gioia. Le emozioni di situazioni possono essere molto forti, soprattutto perché si è motivati, e quindi, anche la fine o il venir meno di frequentazione al termine della vacanza, provocano dolore o comunque un disagio emotivo. Vivendo l'attimo le emozioni si colgono nella loro autenticità, e questo appaga molto il desiderio d'amore. L'intensità di un attimo vissuto con grande coinvolgimento emotivo, può essere così percepito come una grande storia d'amore. Questo fa pensare, riflettere, e soprattutto pone nella situazione di dover prendere delle decisioni. L'amore è un sentimento totalizzante, staccato dalle logica e dalla comprensione razionale.

Cosa può rappresentare un amore estivo per la nostra vita, che in estate assume dei connotati diversi da quella vissuta durante l'anno? Può essere la risposta ad un semplice desiderio, quello di essere amati in maniera autentica e sincera. Una situazione che spesso tende a mancare in rapporti di lunga durata, o meglio, il tempo ha trasformato la convivenza in qualcosa di scontato e abitudinario. Non c'è più l'attenzione e la sorpresa del volersi bene come agli inizi del rapporto. Questa condizione può pesare ed essere un motivo per aspettarsi qualcosa di diverso da nuovi incontri estivi.

C'è da tener presente anche il "rovescio della medaglia", perché l'amore, anche quello improvviso, estivo, può far soffrire, e questo è un effetto collaterale di un possibile investimento imprudente, dei sensi che travalicano la ragione e viaggiano per conto loro fino che il sogno dura.

Il colpo di fulmine estivo può anche trasformarsi in una conoscenza reciproca, voluta e cercata, che va oltre l'illusione di un tempo condiviso in un contesto agevolato dalla spensieratezza, dal desiderio di svago e divertimento. Questo dipende molto dalle emozioni che si provano, non solo emozioni naturalmente presenti quando ci si piace e si vive una storia d'amore, ma emozioni che lasciano il segno e creano un attaccamento emotivo, che unisce e rende difficile un distacco necessario quando arriva la fine delle vacanze.

Sono le aspettative che si creano che possono dare il senso dell'amore estivo. Può capitare che il bisogno di mantenere nel tempo, anche in presenza di oggettive difficoltà logistiche, il benessere che un sentimento condiviso dà, spinga a proiettare nel futuro una voglia di relazione che vada oltre ogni tipo di ostacolo. Perché la fisicità dell'innamoramento si completa con la razionalità del bisogno di relazione e quindi c'è un tempo per costruire che succede ad un tempo per emozionarsi. Questa possibile scelta tra il lasciare e il continuare, ha il suo momento decisivo quando ci si trova al di fuori della situazione paradisiaca della vacanza, quando c'è il confronto di due stili di vita diversi in contesti piu austeri. E' cosi che una storia d'amore, tanto più quando questa storia inizia in vacanza, ha le sue conferme o le sue delusioni.

Nell'amore estivo la spensieratezza è correlata al fatto di voler cogliere l'attimo, per cui si affronta tutto con la sana leggerezza, complice l'estate. Poi quello che succede non si può prevedere, anche se il desiderio che possa durare è spesso presente sempre.

Per la donna, che si trova quasi improvvisamente libera e spensierata, c'è anche il desiderio di recuperare la propria femminilità, che durante l'anno può essere sopita dagli impegni sia familiari che di lavoro. La tentazione di essere al centro dell'attenzione può essere un gioco piacevole, ma anche un invito, e da qui si creano situazioni che fanno rivivere emozioni, passioni, amori.

La curiosità è un altro fattore che agevola l'incontro. Le conoscenze impreviste, di persone che vivono in altri posti, con abitudini e modi di vivere particolari, e la voglia di scoprire questi modi di essere e di vivere, attraggono molto le persone. Il fatto di potere essere in contatto con queste situazioni diverse, può essere molto motivante, e dalla curiosità all' innamorarsi ci vuole poco. I grandi amori possono anche nascere in momenti impensati, spesso in momenti di difficoltà, e, per questo vogliono vivere al di là del tempo di vacanza, che sembra una cesura predefinita.

L'innamorarsi stimola l'autostima, soprattutto quando viene ricambiato in maniera autentica. Anche una nuova relazione, per certi versi platonica, che si vive in un raccontarsi la propria vita, in momenti di uno stare insieme non ancora vissuto come definito nelle forme e nei modi, in cui la fantasia è protagonista del rapporto, rappresenta un modo per sentirsi vivi, e recuperare una voglia di vivere più spensierata, che sembra spesso sopita, dal rigido succedersi degli impegni durante l'anno.

I bellissimi ricordi sono il risultato che spesso gli amori estivi lasciano, e magari il rimpianto di non averci creduto di più, visto che spesso non si incontrano persone speciali cosi facilmente, e in estate tutto è più facile, possibile, realizzabile….Ma l'estate dura poco….

Conclusioni

L' esperienza dell'amore fa parte della vita, e riempie di significato ogni momento che possiamo vivere. Quello che può esserci utile per affrontare il mondo dei sentimenti con gioia, passa anche attraverso il confronto con le storie degli altri, che diventano utili nel capire cosa ci sta succedendo.

Nell'ascoltare la vita degli altri, c'è qualcosa di indefinito che ci rende partecipi della loro storia, e ci permette di conoscere aspetti e scelte che giustificano determinati comportamenti.

Anche se ci passa per la testa un pensiero diverso, il solo fatto di sentire un racconto di memoria, può essere uno specchio utile sulla nostra vita. In quel momento ci può arrivare qualcosa di imprevedibile che può dare un senso ad un nostro dubbio o pensiero ricorrerente.

Attraversando vari elementi della relazione d'amore, ho cercato di mettere in luce momenti di significato che possano essere illuminanti per chi sta leggendo, e attivare un percorso di comprensione della propria storia di vita.

Al di là della propria individualità, in vari modi si possono raggiungere delle convinzioni. I punti di vista diversi dal nostro ci invitano a riflettere e attivano il meccanismo della riflessione.

Perché confrontarsi con chi ha già vissuto esperienze d'amore, è utile nella visione del proprio percorso di condivisione di sentimenti e di scelta del partner. Quello che può far nascere una passione o un amore, non ha le stesse dinamiche per tutti. Certo è che, avere uno specchio di storie, esperienze, opinioni, in una parola "conoscenza", permette di capire meglio le situazioni e definire i comportamenti.

Il sentimento d'amore è troppo importante per non accorgersi che esiste. Il solo fatto di accettare di potersi innamorare, ci permette di vivere delle emozioni altrimenti solo patrimonio degli audaci.